Die Küche des Orients

Die Küche des Orients

Neue Rezepte von Rukmini Iyer

Im Vertrieb der:
Naumann & Göbel Verlagsgesellschaft mbH
Emil-Hoffmann-Straße 1
D-50996 Köln

Gesamtherstellung:
Naumann & Göbel Verlagsgesellschaft mbH

www.naumann-goebel.de

Projektmanagement: Kerry Starr
Neue Rezepte und Food Styling: Sara Lewis
Neue Fotografien: Haraala Hamilton
Nährwertangaben: Judith Wills

Realisation der deutschen Ausgabe:
trans texas publishing services GmbH, Köln
Übersetzung: Susanne Schmidt-Wussow, Berlin
Redaktion/Satz: lesezeichen Verlagsdienste, Köln

HINWEIS

Sind Zutaten in Löffeln angegeben, ist immer ein gestrichener Löffel gemeint: Ein Teelöffel entspricht 5 ml, ein Esslöffel 15 ml. Sofern nicht anders angegeben, wird Vollmilch (3,5 % Fett) verwendet. Eier und einzelne Gemüsestücke sind von mittlerer Größe. Pfeffer wird grundsätzlich frisch gemahlen verwendet. Wurzelgemüse sollte vor der Verarbeitung geschält werden.

Garnierungen, Dekorationen und Serviervorschläge sind kein fester Bestandteil der Rezepte und daher nicht unbedingt in der Zutatenliste oder Zubereitung aufgeführt. Die angegebenen Zeiten können von den tatsächlichen abweichen, da je nach Zubereitungsmethode und vorhandenem Herdtyp Schwankungen auftreten.

Kinder, ältere Menschen, Schwangere, Kranke und Rekonvaleszenten sollten auf Gerichte mit rohen oder nur leicht gegarten Eiern verzichten. Schwangere und stillende Frauen sollten den Verzehr von Erdnüssen oder erdnusshaltigen Zubereitungen vermeiden. Allergiker sollten bedenken, dass in allen in diesem Buch verwendeten Fertigprodukten Spuren von Nüssen enthalten sein könnten. Bitte lesen Sie in jedem Fall zuvor die Verpackungsangaben.

Inhalt

Die orientalische Küche

Von Paprikapulver, Minze, süßen Datteln und Rosenwasser aus Nordafrika über Jordaniens herzhafte Linsen und Mandeln bis hin zu türkischem Joghurt, Feta, Honig und Granatäpfeln: Der Nahe Osten steht für einen Potpourri exotischer Speisen und Düfte. Die Küche des Iran, des ehemaligen Persiens, ist vielleicht die raffinierteste in der Region. Gewürze wie Safran, Zimt und Koriander prägen den Geschmack von Eintöpfen und den typischen Juwelenreis. Zahlreiche Einwanderer haben die Gerichte aus Marokko, Tunesien und Ägypten im Westen populär gemacht: Würzige Tajines, feurige Harissa- und S-chug-Saucen sowie kleine, süße Blätterteigpäckchen sind nur einige der Köstlichkeiten, die uns neugierig gemacht haben auf die geheimnisvolle orientalische Küche.

Diese beliebten Speisen bilden sozusagen das Eingangstor zu einer größeren Region. Irak, Syrien, Libanon, Jordanien, Palästina, Israel, Türkei und Jemen warten mit einer Fülle an Zutaten auf: Fluss- und Meeresfische, Mittelmeergemüse, Lamm, Huhn und Couscous. Mit Kernen wie Pistazien und Mandeln werden Saucen angedickt und sämig gemacht, wobei Walnüsse besonders im Iran und in der Türkei beliebt sind, in Syrien und Ägypten dominieren Pinienkerne. Datteln, getrocknete Aprikosen, Berberitzenbeeren und Rosinen bringen eine süße Note in herzhafte Gerichte – eine in der gesamten Region sehr beliebte Kombination.

All diese Zutaten lassen sich auf tausendundeine Art kombinieren und zubereiten. Auf der Straße werden die Speisen über Kohlenbecken gegrillt, zu Hause rollt, füllt und frittiert die Köchin Gebäck, üppige Tajines köcheln stundenlang vor sich hin und knackige, leuchtend bunte Gemüsesorten werden im Handumdrehen zu Salaten kombiniert.

Gewürze verleihen vielen Gerichten erst Tiefe und Aroma. Manchmal werden sie in einer komplexen Mischung verwendet, manchmal allein. Gelegentlich reicht eine kleine Prise Sumach als gewisses Etwas. Essiggemüse und Eingemachtes sorgen für zusätzliche Aromen.

Zum Glück für den Hobbykoch sind diese exotischen Zutaten inzwischen fast überall – zumindest in den großen Städten – erhältlich, sodass die orientalische Küche sich damit auch außerhalb der Region genießen lässt. Die meisten Rezepte in diesem Buch sind einfach genug für ein schnelles Abendessen, das sich auch unter der Woche zubereiten lässt. Für das Wochenende, oder wenn Sie sonst etwas mehr Zeit haben, finden Sie zahlreiche langsam gegarte Eintöpfe und Tajines; die Kibbeh und Pastetchen erfordern mehr Geschick und Einsatz und eignen sich ideal für einen gemeinsamen Kochnachmittag mit kommunikativer Handarbeit.

Für besondere Gelegenheiten können Sie Rezepte aus verschiedenen Kapiteln zu einem Festmenü für Ihre Freunde kombinieren. Besonders gut passen zum Beispiel Gegrillte Aubergine mit Granatapfel, Koriander & Joghurt (Seite 78), Hähnchenspieße mit Zatar-Dip (Seite 24), Lamm-Köfte mit Joghurt-Minze-Dip (Seite 66), Fatousch (Seite 134) und Klassisches Taboulé (Seite 120) zusammen; sämtliche Gerichte können im Voraus zubereitet werden.

Wenn Sie viele Gäste haben, servieren Sie am besten einen großen Topf Persischen Juwelenreis (Seite 88), Fesendschan mit Huhn & Walnüssen (Seite 40) sowie Granatapfelsalat mit Kräutern & Pistazien (Seite 142). Oder ersetzen Sie den Sonntagsbraten doch einmal durch eine Gebratene Lammkeule mit Ras el-Hanout & Thymian (Seite 82)!

Sobald Sie mit den Basistechniken und Gewürzkombinationen in diesem Buch vertraut sind, können Sie die Rezepte mit Ihren Lieblingsgemüsesorten oder -kräutern abwandeln. Verwenden Sie Koriander anstelle von glatter Petersilie, ersetzen Sie Zatar in einer Gewürzbeize durch Ras el-Hanout, geben Sie je nach Geschmack mehr oder weniger Chili in eine Sauce und machen Sie die Rezepte so zu Ihren ganz persönlichen Gerichten. In der orientalischen Küche wird während der Zubereitung immer wieder abgeschmeckt; die ideale Kombination aus Zitronensaft, Meersalz und frisch gemahlenem schwarzem Pfeffer, sofern Sie sie überhaupt verwenden, variiert schließlich von Koch zu Koch. Würzen Sie mehrmals während des Kochens und probieren Sie vor dem Servieren noch einmal, um die Gerichte ganz nach Geschmack nachzuwürzen.

Orientalische Rezepte wandeln sich beim Kochen, je nach Ihrem Geschmack und den Zutaten, die Sie im Haus haben. Auf ähnliche Weise ist die reiche kulinarische Tradition der Region so komplex, vielfältig und faszinierend geworden, wie wir sie heute kennen.

Mezze

Rote-Bete-Falafel mit Pitabroten

ZUBEREITUNG: 1 Stunde
GARZEIT: 25–35 Minuten
RUHEZEIT: ca. 1 Stunde
ERGIBT 4 Portionen

800 g Kichererbsen in Wasser aus der Dose, abgespült und abgetropft

1 rote Zwiebel, fein gehackt

2 Knoblauchzehen, in dünne Scheiben geschnitten

1 TL Kreuzkümmelsamen, zerstoßen

1 TL Sumach

1 TL Backpulver

175 g (ca. 2 Stück) rohe Rote Beten, grob geraspelt

1 kräftige Prise Meersalz

1 kräftige Prise Pfeffer

3 EL Olivenöl, zum Bestreichen

8 Salatblätter, zerpflückt, zum Servieren

Pitabrote

250 g Vollkornmehl, zzgl. etwas zum Bestäuben

1/2 TL Meersalzflocken

1 TL dunkler Muskovado-Zucker

1 TL Trockenhefe

1 TL Kreuzkümmelsamen, zerstoßen

1 EL Olivenöl

Zaziki

1/2 Salatgurke, halbiert, Samen entfernt und fein gehackt oder geraspelt

150 g Naturjoghurt (10 % Fett)

2 EL fein gehackte frische Minze

1 Prise Meersalz

1 Prise Pfeffer

Falafel werden traditionell frittiert, aber diese rote Variante wird mit Kreuzkümmel und Sumach gewürzt und anschließend im Ofen geröstet.

1. Für die Pitabrote Mehl, Salz, Zucker, Hefe und Kreuzkümmel in einer Schüssel mischen. Öl zufügen und nach und nach so viel warmes Wasser (150–175 ml) unterrühren, bis ein weicher Teig entsteht. Eine Arbeitsfläche mit Mehl bestäuben. Den Teig 5 Minuten durchkneten, bis er glatt und elastisch ist. Wieder in die Schüssel geben, mit einem sauberen Geschirrtuch abdecken und 45 Minuten an einem warmen Ort gehen lassen, bis der Teig sein Volumen verdoppelt hat.

2. Kurz vor dem Backen den Ofen auf 220 °C vorheizen. Die Arbeitsfläche noch einmal mit Mehl bestäuben. Den Teig leicht durchkneten, vierteln und jedes Viertel zu einem etwa handgroßen Oval ausrollen. 10 Minuten gehen lassen.

3. Zwei Backbleche leicht mit Mehl bestäuben und 5 Minuten im Ofen vorwärmen. Die Teigovale auf die heißen Backbleche legen und 5–10 Minuten backen, bis sie aufgegangen und leicht gebräunt sind. In ein sauberes Geschirrtuch wickeln, damit sie weich bleiben.

4. Inzwischen die Kichererbsen portionsweise in der Küchenmaschine oder im Standmixer zu einer groben Paste zerkleinern, zwischendurch die Masse mehrmals von den Wänden in die Mitte schaben. In eine Schüssel umfüllen. Zwiebel, Knoblauch, Kreuzkümmel, Sumach, Backpulver und die Roten Beten zufügen, mit Salz und Pfeffer würzen und alles mit einer Gabel vermengen.

5. Aus der Mischung auf einem Schneidebrett 20 Häufchen formen und diese zu Kugeln rollen. Ein großes Backblech mit etwas Öl bestreichen und 5 Minuten im Ofen erhitzen. Die Falafeln auf dem Blech verteilen und großzügig mit Öl bestreichen. 20–25 Minuten backen, bis sie braun und gar sind, zwischendurch ein- oder zweimal wenden. Für die Garprobe eine Falafel aufbrechen und probieren.

6. Inzwischen für das Zaziki Gurke, Joghurt und Minze in eine Schüssel geben, mit Salz und Pfeffer würzen und alles gut mischen.

7. Zum Servieren die Pitabrote halbieren und Taschen einschneiden und mit Salatblättern, Falafeln und Zaziki füllen. Restliches Zaziki separat dazu reichen.

Tipp: *Bereiten Sie die doppelte Menge Pitabrote zu und frieren Sie die Hälfte der fertig gebackenen Brote in einem Gefrierbeutel ein. Bei Bedarf 1 Stunde bei Raumtemperatur auftauen lassen, dann von beiden Seiten ohne Fett kurz in der Pfanne erhitzen.*

In der Levante, zwischen der Südtürkei und dem Sinai, ist das eine einfache, traditionelle Zwischenmahlzeit, bestehend aus krossen Pitabroten mit Fleischfüllung. Sie werden die Brote kaum vom Ofen bis auf den Tisch bekommen, denn sie sind so lecker, dass man sich nur schwer beherrschen kann, sie nicht direkt vom Backblech zu stibitzen und zu verspeisen. Für eine vegetarische Version ersetzen Sie das Hackfleisch durch fein gehackte braune Champignons.

Arayes

ZUBEREITUNG: 25 Minuten
GARZEIT: gut 1 Stunde
ERGIBT 4 Portionen

3 EL Olivenöl
1 TL Kreuzkümmelsamen
½ Zwiebel, fein gehackt
2 Knoblauchzehen, fein gehackt
1 TL gemahlener Ingwer
1 TL gemahlener Koriander
1 TL gemahlener Kreuzkümmel
250 g Rinder- oder Lammhackfleisch
2 große Tomaten, fein gehackt
3 kräftige Prisen Meersalzflocken
1 kräftige Prise Pfeffer
4 EL fein gehackte glatte Petersilie
4 Vollkorn-Pitabrote (siehe Seite 11 oder fertig gekauft)

1. 1 Esslöffel Öl in einer Pfanne schwach erhitzen. Die Kreuzkümmelsamen darin 1 Minute braten, bis sie zu duften beginnen. Zwiebel und Knoblauch dazugeben, auf mittlere bis starke Hitze erhöhen und 10 Minuten goldbraun braten.

2. Die Hitze reduzieren, Ingwer, Koriander und gemahlenen Kreuzkümmel zufügen und 1–2 Minuten unter ständigem Rühren weiterbraten. Das Hackfleisch in die Pfanne geben, auf mittlere bis starke Hitze erhöhen und 10 Minuten braten, bis das Fleisch schön braun ist, dabei mit einem Holzlöffel zerkleinern.

3. Die Tomaten und je eine kräftige Prise Salz und Pfeffer zufügen, umrühren, Deckel auflegen und die Hitze wieder reduzieren. 20 Minuten köcheln, dann den Großteil der Petersilie unterrühren. Den Ofen auf 180 °C vorheizen.

4. Die Pitabrote halbieren und Taschen einschneiden. In jede Pitatasche ein Achtel der Füllung geben und die Taschen auf ein Backblech legen. Jedes Brot auf beiden Seiten mit dem restlichen Öl bestreichen und mit einer kräftigen Prise Salz bestreuen. In 20 Minuten goldbraun und knusprig backen.

5. Mit der restlichen Petersilie und eventuell mehr Salz bestreuen und sofort servieren.

Tipp: *Die Fleischfüllung kann bis zu einen Tag im Voraus zubereitet und nach dem Abkühlen abgedeckt im Kühlschrank aufbewahrt werden.*

Gefüllte Weinblätter – hierzulande vielen als Dolma oder Dolmades bekannt –gehören zu den beliebtesten Mezze im Nahen Osten. Die Füllung kann aus Fleisch, Reis, Gemüse oder einer beliebigen Kombination daraus bestehen. Für eine vegetarische Version dieses Gerichts lassen Sie das Hackfleisch weg und verdoppeln die Tomatenmenge.

Gefüllte Weinblätter

ZUBEREITUNG: 1 Stunde
GARZEIT: gut 1½ Stunden
ERGIBT 6 Portionen

200 g abgetropfte Weinblätter (siehe Tipp unten)

100 g Basmatireis

ca. 700 ml kochendes Wasser

2 Knoblauchzehen, fein gehackt

1 Zwiebel, fein gehackt

2 Tomaten, fein gehackt

200 g Rinder- oder Lammhackfleisch

2 TL Meersalzflocken

1 EL fein gehackter frischer Oregano

1 EL fein gehackte frische Minze

1 Zitrone, in dünne Scheiben geschnitten

***Tipp:** Vakuumverpackte Weinblätter lassen sich einfacher verarbeiten als Blätter aus der Dose.*

1. Die Weinblätter einzeln in einer großen Schüssel mit Wasser bedecken, dann abgießen – zweimal wiederholen. Erneut wässern und 25 Minuten einweichen, dann gut abtropfen lassen.

2. Inzwischen den Reis gründlich waschen. In einen Topf geben und mit 3–4 cm kochendem Wasser bedecken. 3 Minuten ankochen, dann abgießen und abtropfen lassen.

3. Den Reis in einer Schüssel mit Knoblauch, Zwiebel, Tomaten, Hackfleisch, Salz und Kräutern mit den Händen vermengen.

4. Einen Dämpfkorb in einen großen Topf stellen und mit den zerrissenen sowie den kleinsten Weinblättern aus der Packung auslegen. (Wenn Sie keinen Korb haben, verteilen Sie die Blätter einfach auf dem Topfboden.) Die Hälfte der Zitronenscheiben auf die Blätter verteilen.

5. Eins der größeren Weinblätter mit der Aderseite nach oben auf die Arbeitsfläche legen. Einen gehäuften Teelöffel Füllung in die Mitte geben. Die obere Blattkante über die Füllung schlagen, dann die Seiten umklappen und das Blatt wie eine Zigarre aufrollen, sodass die umgeschlagene Blattkante unten liegt.

6. Das gefüllte Weinblatt in den Dämpfkorb geben. Mit den restlichen Blättern und der restlichen Füllung ebenso verfahren. Der Korb sollte mit mehreren eng gepackten Schichten Röllchen gefüllt sein. Mit einer Schicht Zitronenscheiben abschließen.

7. 400 ml heißes Wasser in den Topf gießen, einen dicht schließenden Deckel auflegen und das Wasser zum Kochen bringen. Auf sehr schwache Hitze reduzieren und 1½ Stunden dämpfen, bis Reis und Hackfleisch gar und die Weinblätter weich sind.

8. Heiß oder kalt servieren.

Diese feurigen Garnelenspieße mit tunesischem Touch machen sich gut auf einer Mezze-Tafel oder als Vorspeise. Servieren Sie dazu einen einfachen Salat wie das Klassische Taboulé (siehe Seite 120) oder den Kichererbsen-Halloumi-Salat mit roten Zwiebeln & Koriander (siehe Seite 100). Für dieses Rezept brauchen Sie vier Holzspieße.

Gegrillte Garnelenspieße mit Harissa

ZUBEREITUNG: 15 Minuten
MARINIEREN: 30 Minuten
GARZEIT: 6 Minuten
ERGIBT 4 Portionen

250 g rohe Riesengarnelen, ausgelöst und Darmfaden entfernt (ca. 6 pro Spieß), Tiefkühlware aufgetaut

2 TL Rosen-Harissa (Fertigprodukt oder siehe Seite 154)

1 TL feines Meersalz

2 Knoblauchzehen, fein gehackt

4 EL fein gehackter frischer Koriander

2 EL Olivenöl

1 Prise Meersalzflocken

1 Zitrone, in Spalten geschnitten, zum Servieren

1. Garnelen, Harissa, Meersalz, Knoblauch und die Hälfte des frischen Korianders in einer großen Schüssel mischen. Abdecken und 30 Minuten im Kühlschrank marinieren.

2. Derweil vier Holzspieße in Wasser einweichen, dann gut abtropfen lassen. Je sechs Garnelen auf einen Spieß stecken und mit dem Olivenöl bestreichen.

3. Eine Grillpfanne oder eine schwere Pfanne stark erhitzen, bis sie raucht. Die Spieße hineinlegen, die Hitze leicht reduzieren und 4–6 Minuten grillen, bis die Garnelen rosa und gar sind; nach der Hälfte der Grillzeit wenden.

4. Die Spieße mit dem restlichen Koriander und den Meersalzflocken bestreuen und sofort servieren. Dazu Zitronenspalten zum Beträufeln reichen.

Tipp: *Wer noch mehr Zitrusaroma möchte, gibt die abgeriebene Schale einer Bio-Zitrone zur Marinade – aber nicht den Saft, da er die Garnelen schon vor dem Grillen „angart".*

Kibbeh

ZUBEREITUNG: 1 Stunde
EINWEICHEN: 30 Minuten
KÜHLEN: 1 Stunde
GARZEIT: 1 Stunde
ERGIBT 12 Stück

100 g Bulgur
½ Zwiebel, grob gehackt
200 g Lammhackfleisch
1 TL gemahlener Kreuzkümmel
1 Prise Pfeffer
2 TL Meersalzflocken
1 l Pflanzenöl

Füllung
40 g Pinienkerne
1 EL Olivenöl
½ Zwiebel, fein gehackt
½ EL gemahlener Zimt
½ EL gemahlener Piment
½ EL gemahlener Kreuzkümmel
200 g Lammhackfleisch
3 EL fein gehackter frischer Koriander
1 EL Naturjoghurt (10 % Fett)
1 Prise Meersalzflocken
1 Prise Pfeffer

Tipp: *Wenn die Kibbeh zu schnell braun werden, ist das Öl zu heiß; dann wird die Außenseite dunkel, bevor das Innere gar ist. Lassen Sie den Topf nicht unbeaufsichtigt, füllen Sie ihn höchstens halb voll, stellen Sie ihn auf eine der hinteren Herdplatten, drehen Sie die Hitze nicht höher als auf die mittlere Einstellung und geben Sie nicht zu viele Kibbeh auf einmal ins Öl, da es sonst überkochen kann.*

Lassen Sie sich Zeit beim Formen der zarten äußeren Hülle, bevor Sie sie mit dem gewürzten Hackfleisch füllen. Die Zubereitung erfordert etwas Geduld, aber dafür werden Sie reich belohnt.

1. Für die Hüllen den Bulgur gründlich abspülen. Anschließend 30 Minuten in Wasser einweichen. Gut abtropfen lassen und in eine Küchenmaschine geben. Zwiebel, Hackfleisch, Kreuzkümmel und Pfeffer zufügen und alles per Intervallschaltung gründlich mischen. In eine Schüssel geben, abdecken und in den Kühlschrank stellen, während die Füllung zubereitet wird.

2. Für die Füllung die Pinienkerne in einer Pfanne bei schwacher Hitze 2–3 Minuten rösten. In einer Schüssel beiseitestellen.

3. Das Olivenöl in der Pfanne auf mittlerer bis starker Stufe erhitzen. Die Zwiebel darin 10 Minuten unter gelegentlichem Rühren braten. Auf mittlere bis schwache Hitze reduzieren, Zimt, Piment und Kreuzkümmel unterrühren und 1–2 Minuten mitbraten, bis die Mischung duftet. Das Hackfleisch zufügen, auf mittlere bis starke Hitze erhöhen und 10 Minuten braten, bis das Fleisch gut gebräunt ist, dabei mit einem Holzlöffel zerkleinern. Koriander, die gerösteten Pinienkerne, Joghurt, Salz und Pfeffer unterrühren. Dann zum Abkühlen beiseitestellen.

4. Für die Hüllen nun das Salz unter die Bulgurmasse mischen. (Zum Abschmecken etwas Bulgurmasse braten.) In zwölf gleiche Portionen teilen und mit nassen Händen zu Kugeln rollen. Jede Kugel vorsichtig über dem flachen Daumen zu einer tiefen Schale formen. Die Schale mit der anderen Hand drehen und dabei mit Daumen und Zeigefinger die Wände so dünn wie möglich ausziehen, ohne dass sie reißen.

5. In jede Schale einen gehäuften Esslöffel Füllung geben, dann die Schale oben zusammendrücken, bis sie aussieht wie eine Zitrone. Den Vorgang wiederholen, bis alle Kibbeh geformt sind, dann abdecken und bis zum Frittieren mindestens 1 Stunde in den Kühlschrank stellen.

6. Das Öl in einen großen, hohen Topf gießen, jedoch höchstens bis zur Hälfte. Auf mittlerer Stufe 5–10 Minuten erhitzen, bis ein Brotwürfel darin zischt und innerhalb einer Minute braun wird (ca. 170 °C, falls Sie ein Kochthermometer benutzen). Jeweils drei bis vier Kibbeh zusammen 5 Minuten goldbraun und gar frittieren. Auf Küchenpapier abtropfen lassen und heiß servieren.

Gefülltes Gemüse aus dem Ofen ist im gesamten Nahen Osten beliebt. Diese türkisch inspirierten gefüllten Tomaten sind eine leckere vegetarische Variante. Feta heißt im türkischen Lebensmittelgeschäft *beyaz peynir*.

Gefüllte Rösttomaten mit Pinienkernen, Feta & Petersilie

ZUBEREITUNG: 15 Minuten
GARZEIT: 30 Minuten
ERGIBT 4 Portionen

1 EL Olivenöl

1 kleine rote Zwiebel, fein gehackt

1 Knoblauchzehe, fein gehackt

8 große Tomaten

60 g Feta, zerkrümelt

30 g Pinienkerne

6 EL fein gehackte glatte Petersilie

1 Prise Meersalz

1 Prise Pfeffer

1. Den Ofen auf 180 °C vorheizen. Das Öl in einem Topf auf mittlerer Stufe erhitzen. Zwiebel und Knoblauch zufügen und 5–10 Minuten glasig braten. In einer großen Schüssel abkühlen lassen.

2. Inzwischen mit einem kleinen, scharfen Messer von jeder Tomate einen „Deckel" abschneiden. Mit einem kleinen Löffel die Samen und den Saft herauslöffeln und entsorgen oder anderweitig verwenden.

3. Feta, Pinienkerne und Petersilie unter die Zwiebel-Knoblauch-Mischung rühren und mit Salz und Pfeffer würzen. Die Masse in die Tomaten füllen und mit dem Löffelrücken gut festdrücken.

4. Auf jede Tomate einen „Deckel" legen und die Tomaten eng nebeneinander in eine Backform mit hohem Rand setzen. 20 Minuten rösten, bis sie ganz weich sind. Warm servieren.

Tipp: *Rote Paprika eignen sich auch gut zum Füllen. Wählen Sie kleine, kugelige Schoten, entfernen Sie die Samen und lassen Sie sie bei 180 °C im Ofen 5–10 Minuten weich werden, bevor Sie sie weiter nach Rezept füllen und rösten.*

Hähnchenspieße mit Zatar-Dip

siehe Seite 24

Zatar ist eine Gewürzmischung aus Sumach, gerösteter Sesamsaat, Zahtar-Kraut sowie Salz. Mit dem Dip kann man auch Fladenbrote bestreichen.

Hähnchenspieße mit Zatar-Dip

ZUBEREITUNG: 20 Minuten
MARINIEREN: 1 Stunde
GARZEIT: 20 Minuten
ERGIBT 4 Portionen

1 Knoblauchzehe, zerdrückt

abgeriebene Schale und Saft von ½ Bio-Zitrone

½ TL gemahlener Kreuzkümmel

½ TL gemahlener Ingwer

1 TL Cayennepfeffer

¼ TL gemahlene Kurkuma

50 g Naturjoghurt

1 TL Meersalzflocken

300 g Hähnchenbrustfilets, in 2,5 cm dicke Würfel geschnitten

1 rote Paprika, in 2,5 cm große Stücke geschnitten

1 rote Zwiebel, in 2,5 cm große Stücke geschnitten

1 EL Olivenöl

8 Holzspieße

Zatar-Dip

2 EL Olivenöl

1 EL Zatar

1. Knoblauch, Zitronenschale und -saft, Kreuzkümmel, Ingwer, Cayennepfeffer, Kurkuma, Joghurt und das Salz bis auf einen kleinen Rest in einer großen Schüssel mischen. Hähnchen zufügen und alles gründlich mischen. Abdecken und mindestens 1 Stunde oder über Nacht im Kühlschrank marinieren.

2. Inzwischen die Holzspieße 20 Minuten in Wasser legen, dann gut abtropfen lassen. Den Backofengrill vorheizen. Ein Backblech mit Alufolie auslegen.

3. Die Fleischwürfel abwechselnd mit Paprika- und Zwiebelstücken auf die Spieße stecken und auf das Blech legen. Eventuell übrig gebliebene Zwiebeln und Paprika ebenfalls auf das Blech legen. Die Spieße mit Öl bestreichen und 20 Minuten grillen, bis das Fleisch gar, goldbraun und an den Rändern leicht schwarz ist.

4. Für den Dip in einer kleinen Schüssel Öl und Zatar verrühren.

5. Die Spieße 5 Minuten ruhen lassen. Mit dem restlichen Salz bestreuen und mit dem Zatar-Dip servieren.

› **Bild siehe vorangehende Doppelseite**

Tipp: *Die Spieße lassen sich auch in der Grillpfanne zubereiten. Die Grillpfanne auf mittlerer bis starker Stufe erhitzen. Die Spieße darin 15–20 Minuten unter regelmäßigem Wenden grillen, bis das Fleisch gar, goldbraun und an den Rändern leicht schwarz ist.*

Eine unwiderstehliche Mischung aus Gewürzen, Süße, Salz und kross gebackener Haut – diese Hähnchenflügel schmecken einfach nach mehr! Sie eignen sich ideal als Teil einer Mezze-Tafel oder als schnelles Abendessen.

Gebackene Hähnchenflügel mit Sumach, Zitrone & Knoblauch

ZUBEREITUNG: 25 Minuten
GARZEIT: 25 Minuten
ERGIBT 2 Portionen

2 EL Olivenöl

1 EL flüssiger Honig

2 Knoblauchzehen, zerdrückt

3 TL Sumach

2 TL Meersalzflocken

abgeriebene Schale von 1 Bio-Zitrone, zzgl. 1 Zitrone, in Spalten geschnitten, zum Servieren

500 g Hähnchenflügel, am Gelenk in zwei Hälften geteilt

4 EL Naturjoghurt (10 % Fett) zum Servieren

1. Den Ofen auf 220 °C vorheizen. Öl, Honig, Knoblauch, Sumach, Salz und Zitronenschale in einer großen Bratform mischen. Die Flügel darin gründlich wenden.

2. Die Hähnchenflügel auf der oberen Schiene 25 Minuten im Ofen backen, bis sie gar sind und die Haut kross und leicht geschwärzt ist, dabei das Blech nach der Hälfte der Backzeit rütteln oder die Flügel mit einer Zange wenden. Für die Garprobe einen Spieß in einen Hähnchenflügel stechen; es sollte klarer, heißer Saft austreten.

3. Die Hähnchenflügel 5 Minuten ruhen lassen, dann mit dem Joghurt und den Zitronenspalten servieren.

› **Bild siehe nächste Doppelseite**

Tipp: *Ein Hähnchenflügel besteht aus drei Teilen: Spitze, Oberflügel und Unterflügel. Die Spitze wird normalerweise weggeworfen, obwohl sie in Asien oft als Delikatesse gilt. Der Unterflügel ist der flache Mittelteil und der Oberflügel (sieht aus wie ein Miniaturschlegel) der obere Teil. Zum Teilen das Gelenk hin- und herdrehen, um zu spüren, wo die Verbindung sitzt, dann mit einem kräftigen Schnitt der hinteren Messerklinge durchtrennen.*

Gebackene Hähnchenflügel mit Sumach, Zitrone & Knoblauch
siehe Seite 25

Diese klassische iranische Frittata mit einer Füllung aus frischen Kräutern und Walnüssen ist ein herrliches Mezze-Gericht oder mit einem Salat auch ein leichtes Mittagessen.

Persische Kräuter-Frittata

ZUBEREITUNG: 15 Minuten
GARZEIT: 10 Minuten
ERGIBT 2 Portionen

6 Eier
2 EL fein gehackter frischer Dill
6 EL fein gehackte glatte Petersilie
6 EL fein gehackter frischer Koriander
2 EL fein gehackte frische Minze
2 Knoblauchzehen, zerdrückt
1 EL Mehl
1/4 TL gemahlene Kurkuma
1/2 TL Meersalz
1 kräftige Prise Pfeffer
20 g Butter
1 EL Olivenöl
30 g Walnüsse, gehackt
1 Frühlingszwiebel, in dünne Scheiben geschnitten, zum Garnieren

1. Den Ofen auf 180 °C vorheizen. Die Eier in eine große Schüssel schlagen. Kräuter, Knoblauch, Mehl, Kurkuma, Salz und Pfeffer zufügen und alles gut mit dem Schneebesen verrühren.

2. Butter und Öl in einer großen, schweren, ofenfesten Pfanne auf mittlerer bis starker Stufe erhitzen, bis die Butter schäumt. Sobald sie aufgehört hat zu schäumen, die Eimischung hineingießen, auf schwache bis mittlere Hitze reduzieren und 5 Minuten braten.

3. Die Pfanne in den Ofen stellen und in 5 Minuten durchgaren.

4. Die Pfanne mit Ofenhandschuhen herausnehmen, mit Walnüssen und Frühlingszwiebel bestreuen, in Tortenstücke schneiden und servieren.

Tipp: *Für diese Frittata können Sie die meisten weichen Kräuter ganz nach Belieben mischen. Mit Basilikum, Estragon, Kerbel und Schnittlauch schmeckt sie ebenso gut.*

Knusprige Sumach-Tintenfischringe mit Zitrone-Joghurt-Dip

ZUBEREITUNG: 25 Minuten
KÜHLEN: 1 Stunde
GARZEIT: 15 Minuten
ERGIBT 2 Portionen

200 g Tintenfischtuben, gesäubert und in Ringe geschnitten
300 ml Vollmilch
50 g Reis-Paniermehl
1½ TL Sumach
2 Prisen Meersalzflocken
1 Ei, verquirlt
3 EL Olivenöl
1 Zitrone, in Spalten geschnitten, zum Servieren

Zitrone-Joghurt-Dip
150 g Naturjoghurt (10 % Fett)
Saft von ½ Zitrone

Tipp: *Wenn Sie kein Reis-Paniermehl bekommen können, verwenden Sie stattdessen Panko.*

Diese Tintenfischringe sind außen knusprig und innen zart. Servieren Sie sie direkt aus der Pfanne mit Getränken als Snack oder als Teil einer größeren Mezze-Tafel.

1. Den Tintenfisch in eine flache Schüssel legen und knapp mit Milch bedecken. Abdecken und 1 Stunde in den Kühlschrank stellen.

2. Inzwischen für den Dip Joghurt und Zitronensaft in einer Schüssel verrühren. Abdecken und bis zum Servieren kühl stellen.

3. Reis-Paniermehl, Sumach und eine Prise Salz auf einem Teller gut mischen. Das Ei in eine flache Schüssel geben.

4. Den Tintenfisch durch ein Sieb abgießen und die Milch wegschütten. Gut abtropfen lassen.

5. Ein großes Blatt Backpapier auf eine Arbeitsfläche legen und einen flachen Teller mit Küchenpapier auslegen. Jeden Tintenfischring zuerst im Ei wenden, dann im Paniermehl wälzen und auf das Backpapier legen.

6. Die Hälfte des Öls in einem Wok oder einer großen Pfanne auf mittlerer bis starker Stufe erhitzen. Die Ringe portionsweise 3–4 Minuten kross und gar braten, dabei nach der Hälfte der Bratzeit wenden. Anschließend auf den vorbereiteten Teller legen. Nach Bedarf mehr Öl in die Pfanne geben.

7. Die Tintenfischringe heiß mit einer Prise Salz bestreut servieren, dazu den Joghurtdip und die Zitronenspalten reichen.

Falafel-Pita-Taschen mit Tahini-Dressing

ZUBEREITUNG: 25 Minuten
GARZEIT: 12 Minuten
ERGIBT 4 Portionen

1 Schalotte, geviertelt

2 Knoblauchzehen

400 g Kichererbsen in Wasser aus der Dose, abgespült und abgetropft

6 EL grob gehackte glatte Petersilie

1 TL gemahlener Koriander

1 TL gemahlener Kreuzkümmel

½ TL Meersalzflocken

1 Prise Cayennepfeffer

2 EL Olivenöl

2 EL Mehl

½ TL Backpulver

2–4 EL Rapsöl zum Braten

Tahini-Dressing

2 EL Tahini

Saft von 1 Zitrone

½ TL Meersalzflocken

1 Msp. Pfeffer

1 Msp. Cayennepfeffer

Zum Servieren

4 Pitabrote

1 Romana-Salatherz, in Streifen geschnitten

1 große Tomate, in Spalten geschnitten

½ Salatgurke, in dünne Scheiben geschnitten

16 Kalamata-Oliven

4 frische Minzezweige

Dieses beliebte orientalische Straßenessen ist schnell zubereitet. Am besten direkt aus der Pfanne heiß servieren.

1. Den Ofen auf 200 °C vorheizen. Schalotte und Knoblauch in der Küchenmaschine mit Intervallschaltung zerkleinern. Kichererbsen, Petersilie, Koriander, Kreuzkümmel, Salz, Cayennepfeffer, Olivenöl und Mehl zufügen und alles zu einer stückigen Paste zerkleinern. Backpulver zufügen und einmal kurz mixen.

2. Für das Tahini-Dressing alle Zutaten in einer kleinen Schüssel mischen, bis die gewünschte Konsistenz erreicht ist, dabei 2–3 Esslöffel Wasser zufügen. Die Pitabrote in Alufolie wickeln und in den Ofen legen.

3. Einen flachen Teller mit Küchenpapier auslegen. Aus der Kichererbsenmasse walnussgroße Kugeln formen und diese zu dünnen Bratlingen drücken. 2 Esslöffel Rapsöl in einer großen Pfanne auf mittlerer bis starker Stufe erhitzen. Die Bratlinge portionsweise 3–4 Minuten braun braten, nach der Hälfte der Bratzeit wenden, dann auf den vorbereiteten Teller legen. Nach Bedarf mehr Öl in die Pfanne geben.

4. Die Pitabrote halbieren. Jede Hälfte mit zwei bis drei Falafeln, Salat, Tomate und Gurke füllen und mit Dressing beträufeln. Pro Person zwei Hälften mit den Oliven und einem Minzezweig servieren.

Tipp: *Dieses Rezept schmeckt mit Vollkorn-Pitabroten genauso gut. Sie können sie nach dem Rezept auf Seite 10 auch selbst backen.*

Suppen, Eintöpfe & Tajines

Dicke Bohnen sind in der Region sehr beliebt und in dieser frischen, sommerlichen Suppe unterstreicht die Minze ihr Aroma besonders schön.

Dicke-Bohnen-Suppe mit Minze

ZUBEREITUNG: 20 Minuten
GARZEIT: 15 Minuten
ERGIBT 4 Portionen

1 kg dicke Bohnen in der Schote, gepalt, bzw. 300 g Bohnenkerne
2 EL Olivenöl
1 Zwiebel, fein gehackt
400 ml heiße Gemüsebrühe
2 Knoblauchzehen, fein gehackt
abgeriebene Schale und Saft von ½ Bio-Zitrone
25 g frische Minzeblätter
1 Prise Meersalz
1 Prise Pfeffer
4 EL Naturjoghurt (10 % Fett)

1. Die Bohnen in eine ofenfeste Schüssel geben und mit kochendem Wasser knapp bedecken. Gut abtropfen lassen und sofort in kaltem Wasser abschrecken. Die Bohnen aus ihrer Außenhaut drücken und beiseitestellen.

2. Das Öl in einem großen Topf auf schwacher Stufe erhitzen. Die Zwiebel hineingeben, Deckel auflegen und 10 Minuten glasig dünsten, dabei gelegentlich umrühren. Die Bohnen bis auf eine kleine Handvoll zufügen, kurz verrühren und 300 ml heiße Brühe zugießen. Zum Kochen bringen und 2 Minuten köcheln, bis die Bohnen weich sind.

3. Knoblauch, Zitronenschale und die Hälfte der Minze einrühren. In einer Küchenmaschine oder mit einem Stabmixer glatt pürieren. Die Konsistenz überprüfen; wenn die Suppe zu dick ist, die restliche Brühe ganz oder teilweise zufügen. Dann Zitronensaft, Salz und Pfeffer unterrühren.

4. Auf vier Suppenteller verteilen. Je einen Esslöffel Joghurt spiralförmig einrühren, dann mit den beiseitegelegten Bohnen bestreuen und mit den restlichen Minzeblättern bestreuen.

Tipp: *Diese Suppe schmeckt köstlich, wenn sie heiß serviert wird, ist aber auch gekühlt – an einem heißen Sommertag – herrlich erfrischend.*

Köfte, gegrillte Fleischbällchen, werden in der ganzen Region gern gegessen. Die Türkei, Syrien und der Iran haben jeweils eigene Versionen davon, die in einer klaren Brühe oder Gemüsesuppe serviert werden. Hier verleiht ihnen die süßsaure Granatapfelmelasse bzw. Granatapfelsauer *(nar ekşisi)* eine ganz besondere zusätzliche Geschmacksdimension.

Libanesische Brühe mit Köfte & sieben Gewürzen

ZUBEREITUNG: 25 Minuten
GARZEIT: 20 Minuten
ERGIBT 4 Portionen

500 g Rinderhackfleisch
2 Knoblauchzehen, fein gehackt
2 EL fein gehackter frischer Koriander
2 EL Granatapfelmelasse
1 EL flüssiger Honig
1 TL Meersalzflocken, zzgl. 1 Prise
1 EL Olivenöl
800 ml heiße Geflügelbrühe
1/4 Wirsing, Strunk entfernt und in mundgerechte Stücke geschnitten
1 Prise Pfeffer

Sieben-Gewürze-Mischung
1 EL Pfeffer
1 EL gemahlener Piment
1 EL gemahlener Zimt
1 TL frisch geriebene Muskatnuss
1 TL gemahlener Koriander
1 TL gemahlene Gewürznelken
1 TL gemahlener Ingwer

1. Den Ofen auf 180 °C vorheizen. Für die Sieben-Gewürze-Mischung alle Zutaten in einer kleinen Schüssel verrühren.

2. Hackfleisch, Knoblauch, Koriander, Granatapfelmelasse, Honig, 3 Esslöffel Sieben-Gewürze-Mischung und 1 Teelöffel Salz in eine große Schüssel geben. Die Mischung mit den Händen kneten. Die Fleischmasse in etwa 20 walnussgroße Portionen teilen und zu Kugeln rollen.

3. Das Öl auf mittlerer bis starker Stufe in einer großen Pfanne erhitzen. Die Köfte in zwei Portionen jeweils 5 Minuten braten, bis sie goldbraun und kross sind, dabei nach der Hälfte der Bratzeit wenden. In einen großen Schmortopf mit Deckel füllen.

4. Die heiße Brühe in den Schmortopf gießen und aufkochen. Den Deckel auflegen und 20 Minuten im Ofen garen. Den Wirsing einrühren und noch 5 Minuten garen, bis er weich wird.

5. Die Brühe mit Salz und Pfeffer abschmecken. Köfte und Wirsing in Suppentassen geben und zum Servieren mit Brühe übergießen.

***Tipp:** Für eine gehaltvollere Mahlzeit mit Reis servieren.*

Hühnersuppe mit Chili, Minze & Couscous

ZUBEREITUNG: 20 Minuten
GARZEIT: ca. 1¾ Stunden
ERGIBT 4 Portionen

1 EL Olivenöl
2 Zwiebeln, fein gehackt
1 roter Chili, Samen entfernt und fein gehackt
1 TL gemahlener Kreuzkümmel
1 TL Paprikapulver
1 TL Zucker
2 TL gerebelte Minze
1 EL Tomatenmark
100 g Couscous
3 EL fein gehackter frischer Koriander zum Garnieren
1 Zitrone, in Spalten geschnitten, zum Servieren

Brühe
1 Suppenhuhn, 1,3 kg
1 Zwiebel, geviertelt
1 Bio-Zitrone, geviertelt
10 g Petersilienstängel
1 TL Koriandersamen
1 Zimtstange
1 Prise Meersalz
1 Prise Pfeffer

Die Brühe für diese klassische Suppe der Nahost-Küche wird aus einem ganzen Huhn gekocht, dessen Fleisch in Streifen zerpflückt wieder in die Suppe gegeben wird.

1. Für die Brühe Huhn, Zwiebel, Zitrone, Petersilienstängel, Koriandersamen und Zimtstange in einen großen Topf geben und knapp mit Wasser bedecken. Zum Kochen bringen, auf schwache bis mittlere Hitze reduzieren, Deckel auflegen und 1 Stunde köcheln, bis das Fleisch fast von selbst vom Knochen fällt. Für die Garprobe einen Spieß in die dickste Stelle der Keule stechen. Der austretende Saft sollte klar ohne Spuren von Rot oder Rosa sein.

2. Das Huhn auf einen großen Teller legen und leicht abkühlen lassen. Inzwischen die Brühe auf ca. 1,2 Liter einkochen. Mit Salz und Pfeffer abschmecken, dann abseihen. Die Haut vom Huhn abziehen und das Fleisch mit den Händen in Streifen zupfen.

3. Das Öl in einem schweren Topf auf mittlerer Stufe erhitzen. Zwiebeln und Chili zufügen und 2–3 Minuten unter häufigem Rühren braten. Kreuzkümmel, Paprikapulver, Zucker, Minze und Tomatenmark einrühren, dann die Brühe zugießen. Zum Kochen bringen, dann den Couscous einrieseln lassen und verrühren. Auf schwache bis mittlere Hitze reduzieren und 15 Minuten köcheln. Die Hühnchenstreifen einrühren und 5 Minuten durcherhitzen.

4. Die Suppe in tiefen Tellern mit Koriander garniert und mit Zitronenspalten zum Beträufeln servieren.

Lamm-Tajine mit Datteln & Oliven

ZUBEREITUNG: 20 Minuten
MARINIEREN: 4 Stunden
GARZEIT: 2½ Stunden
ERGIBT 8 Portionen

1,8 kg entbeinte Lammschulter, pariert und in 4 cm dicke Würfel geschnitten

4 EL Olivenöl

250 g entsteinte Datteln

250 g entsteinte schwarze Oliven

700 ml Rotwein

10 Knoblauchzehen

6 EL fein gehackter frischer Koriander

Beize

2 große Zwiebeln, gerieben

4 Knoblauchzehen, zerdrückt

1 roter Chili, Kerne entfernt und fein gehackt

1 TL Paprikapulver

2 TL gemahlener Kreuzkümmel

1 TL gemahlener Ingwer

1 TL Salz

½ TL Pfeffer

Couscous

800 g Couscous

2 TL Salz

abgeriebene Schale von 1 Bio-Zitrone

1 EL frische Thymianblätter

Eine üppige Tajine mit zartem Lamm und süßen Datteln.

1. Alle Beizezutaten in einer Tajine mischen und die Fleischwürfel unterrühren. Abdecken und 4 Stunden im Kühlschrank marinieren.

2. Den Ofen auf 150 °C vorheizen. Das Fleisch aus dem Kühlschrank nehmen. Öl, Datteln, Oliven, Wein und Knoblauch unterrühren und Deckel auflegen. 2½ Stunden garen, bis das Lammfleisch zerfällt; den Deckel für die letzten 30 Minuten abnehmen.

3. Couscous und Salz in eine flache, ofenfeste Form geben und mit kochendem Wasser knapp bedecken. 10 Minuten quellen lassen. Zitronenschale und Thymian untermischen und mit einer Gabel auflockern. Den Großteil des Korianders in die Tajine rühren, den Rest darüberstreuen und mit dem Couscous servieren.

Dieses klassische persische Festmahl mit einem in Walnusssauce gekochten Huhn eignet sich ideal für die Bewirtung vieler Gäste zu einer besonderen Gelegenheit. Das Huhn wird langsam gegart, bis es fast auseinanderfällt, und die üppige Sauce verdankt ihr vollmundiges Aroma der Kombination aus gemahlenen Walnüssen und Granatapfelmelasse. Im Nordiran wird dieses Gericht, dort *khoresh* genannt, mit Ente oder Wild statt Huhn zubereitet. Servieren Sie dazu Persischen Juwelenreis (siehe Seite 88).

Fesendschan mit Huhn & Walnüssen

ZUBEREITUNG: 30 Minuten
GARZEIT: 2½–3 Stunden
ERGIBT 6–8 Portionen

- 400 g Walnusskerne
- 2 EL Olivenöl
- 25 g Butter
- 1,2 kg Hähnchenoberschenkel ohne Haut und Knochen
- 2 Zwiebeln, in dünne Ringe geschnitten
- 1 l heiße Hühnerbrühe
- 300 ml Granatapfelmelasse
- 1 EL brauner Zucker
- Kerne von 1 Granatapfel
- 1 Prise Meersalz (nach Belieben)
- 1 Prise Pfeffer (nach Belieben)
- 4 EL fein gehackter frischer Koriander zum Garnieren

1. Den Ofen auf 180 °C vorheizen. Die Walnüsse nebeneinander auf einem Backblech verteilen und 8–10 Minuten goldbraun rösten, dabei häufig überprüfen, da sie schnell anbrennen. Vollständig abkühlen lassen und in der Küchenmaschine fein mahlen. Die Ofentemperatur auf 150 °C reduzieren.

2. Die Hälfte des Öls und die Hälfte der Butter in einer großen Pfanne stark erhitzen. Das Geflügelfleisch portionsweise 6–8 Minuten goldbraun braten, dabei nach der Hälfte der Bratzeit wenden, dann auf einen Teller legen. (Sie können sie auch parallel in zwei Pfannen braten, um Zeit zu sparen.) Nach Bedarf mehr Butter und Öl in die Pfanne geben.

3. Restliche Butter und restliches Öl mit dem Bratensaft, der sich im Teller gesammelt hat, auf mittlerer Stufe erhitzen. Die Zwiebeln darin abgedeckt 10–15 Minuten dünsten, dabei gelegentlich rühren.

4. Hähnchen und Zwiebeln in einen großen, ofenfesten Schmortopf geben. Die Brühe zugießen und aufkochen. Auf schwache bis mittlere Hitze reduzieren und Walnüsse, Granatapfelmelasse und Zucker in die Brühe rühren, Deckel auflegen und 2 Stunden im Ofen garen, bis die Sauce nicht mehr beige, sondern schokoladenbraun und das Fleisch gar ist und auseinanderfällt.

5. Die Hälfte der Granatapfelkerne sowie, falls verwendet, Salz und Pfeffer unterrühren. Mit den restlichen Granatapfelkernen und Koriander bestreut in tiefen Tellern servieren.

Tipp: *Wenn das Fesendschan besonders reichhaltig werden soll, verwenden Sie 1,6 kg Hähnchenoberschenkel mit Knochen, entfernen Sie die Knochen jedoch vor dem Servieren.*

Würziger Puteneintopf mit Vollkorn-Couscous

ZUBEREITUNG: 20 Minuten
GARZEIT: 30 Minuten
ERGIBT 4 Portionen

Kreuzkümmel und Paprikapulver verleihen in Kombination mit frischen Kräutern diesem marokkanischen Eintopf das intensive Aroma.

- 1 EL Olivenöl
- 500 g Putenbrustfilet, in 1,5 cm dicke Stücke geschnitten
- 1 Zwiebel, grob gehackt
- 2 Knoblauchzehen, fein gehackt
- 1 rote Paprika, grob gehackt
- 1 orangefarbene Paprika, grob gehackt
- 500 g Tomaten, grob gehackt
- 1 TL Kreuzkümmelsamen, zerdrückt
- 1 TL Paprikapulver
- abgeriebene Schale und Saft von 1 Bio-Zitrone
- 1 Prise Meersalz
- 1 Prise Pfeffer
- 2 EL grob gehackte glatte Petersilie zum Garnieren
- 2 EL grob gehackter frischer Koriander zum Garnieren
- 200 g Vollkorn-Riesencouscous zum Servieren

1. Das Öl in einer großen Pfanne auf mittlerer Stufe erhitzen. Erst die Fleischwürfel portionsweise hineingeben, dann die Zwiebel, und 5 Minuten goldbraun braten, dabei häufig umrühren.

2. Knoblauch, Paprika und Tomaten, dann Kreuzkümmel, Paprikapulver, Zitronensaft, Salz und Pfeffer unterrühren. Deckel auflegen und unter gelegentlichem Rühren 20 Minuten köcheln, bis die Tomaten zu einer dicken Sauce zerkocht sind und die Pute gar ist.

3. Inzwischen einen Topf zur Hälfte mit Wasser füllen und dieses aufkochen. Den Couscous hineingeben und nach Packungsanweisung bissfest kochen. In einem Sieb gut abtropfen lassen.

4. Den Couscous in Suppenteller löffeln und den Eintopf darübergeben. Petersilie und Koriander mit der Zitronenschale mischen, über den Eintopf streuen und servieren.

Tipp: *Ideal für Kalorienbewusste, da Putenfleisch sehr mager ist, vor allem ohne Haut.*

Dieser goldgelbe, zitronige Hühnereintopf macht Sie wieder fit, wenn Sie sich schlapp und müde fühlen. Beilagen brauchen Sie nicht unbedingt, aber eine Schüssel buttriger Basmatireis schmeckt dennoch köstlich dazu.

Hühnereintopf mit Gemüse & Safran

ZUBEREITUNG: 25 Minuten
GARZEIT: 45 Minuten
ERGIBT 4 Portionen

1 EL Olivenöl

25 g Butter

½ Zwiebel, fein gehackt

2 Knoblauchzehen, fein gehackt

1 Lauchstange, in dünne Scheiben geschnitten

300 g Karotten, fein gehackt

einige Safranfäden

300 g Hähnchenoberschenkel ohne Haut und Knochen, halbiert

300 ml heiße Hühnerbrühe

175 g junger Lauch, längs halbiert

150 g Babykarotten, längs halbiert

Saft von 1 Zitrone

2 EL fein gehackte glatte Petersilie

1 Prise Meersalz (nach Belieben)

1 Prise Pfeffer (nach Belieben)

1. Öl und Butter in einem großen Topf auf mittlerer Stufe erhitzen, bis die Butter nicht mehr schäumt. Zwiebel, Knoblauch, Lauchscheiben und fein gehackte Karotten zufügen, auf schwache bis mittlere Hitze reduzieren, Deckel auflegen und 10 Minuten unter gelegentlichem Rühren dünsten.

2. Inzwischen den Safran in einem Mörser mahlen und in einer kleinen Schüssel mit 100 ml kochendem Wasser übergießen. Umrühren und ziehen lassen.

3. Hähnchen, Safranwasser und Brühe zum Gemüse geben und alles zum Kochen bringen. Auf schwache Hitze reduzieren und abgedeckt 20 Minuten köcheln. Jungen Lauch und Babykarotten zufügen und 10 Minuten weiterkochen, bis das Hähnchen durchgegart ist.

4. Zitronensaft und Petersilie einrühren und, falls verwendet, mit Salz und Pfeffer abschmecken, dann servieren.

Tipp: *Mehr Aroma bekommt der Eintopf, wenn Sie Oberkeulen mit Knochen verwenden. Nach dem Kochen die Knochen herauslösen und das Fleisch in großen Stücken in den Topf zurückgeben. Beachten Sie, dass das Hähnchen mit Knochen länger gart.*

Dieser nordafrikanische Eintopf hat eine Tomatenbasis und wird mit Gewürzen und Salzzitronen aromatisiert.

Marokkanische Fisch-Tajine

ZUBEREITUNG: 15 Minuten
GARZEIT: 60–70 Minuten
ERGIBT 4 Portionen

2 EL Olivenöl
1 große Zwiebel, fein gehackt
einige Safranfäden
½ TL gemahlener Zimt
1 TL gemahlener Koriander
½ TL gemahlener Kreuzkümmel
½ TL gemahlene Kurkuma
200 g gehackte Tomaten aus der Dose
300 ml heißer Fischfond
4 kleine Meerbarben, filetiert
50 g entsteinte grüne Oliven
½ Salzzitrone, abgespült und fein gehackt
4 EL grob gehackter frischer Koriander
½ TL Meersalz
1 Prise Pfeffer
400 g Coucous zum Servieren
15 g Butter zum Servieren

1. Das Öl in einem großen Topf schwach erhitzen. Die Zwiebel darin 10 Minuten unter gelegentlichem Rühren dünsten, bis sie zwar weich, aber nicht gebräunt ist. Dann Safran, Zimt, Koriander, Kreuzkümmel und Kurkuma zufügen und 30 Sekunden unter ständigem Rühren mitbraten.

2. Tomaten und Fond zufügen, gut umrühren und auf mittlere bis starke Hitze erhöhen. Alles zum Kochen bringen, dann die Hitze reduzieren, Deckel auflegen und 15 Minuten köcheln. Deckel abnehmen und weitere 20–35 Minuten offen einkochen.

3. Inzwischen den Couscous in eine flache, ofenfeste Schüssel geben. Die Butter und etwas Salz zufügen. Mit so viel kochendem Wasser übergießen, dass es 2,5 cm über dem Couscous steht, ein gefaltetes Geschirrtuch auf die Schüssel legen und 10 Minuten zum Quellen beiseitestellen, bis der Couscous die Flüssigkeit aufgesogen hat.

4. Jedes Meerbarbenfilet halbieren, in die Tomatensauce geben und untertauchen. 5–6 Minuten köcheln, bis der Fisch gar ist.

5. Oliven, Salzzitrone, 3 Esslöffel Koriander und je eine Prise Salz und Pfeffer in die Tajine rühren. Den Couscous mit einer Gabel auflockern. Die Tajine mit dem restlichen Koriander garniert mit dem Couscous servieren.

Tipp: *Wenn Sie mögen, können Sie eine Handvoll ausgelöste rohe Garnelen ohne Darmfaden (Tiefkühlware aufgetaut) mit dem Fisch in die Tajine geben und mitkochen, bis sie rosa sind. Mit einer Handvoll gerösteten Mandelsplittern garniert sieht das Gericht noch authentischer aus.*

Fleisch in der Küche des Orients

Fleisch wird im ganzen Mittleren Osten gern gegessen: mit intensiven Gewürzen in reichhaltigen Tajines langsam gegart, als Straßensnack schnell über offener Flamme gegrillt oder durch den Fleischwolf gedreht und zu Kebabs geformt. Für ein Festmahl oder spezielle Anlässe wird auch schon mal ein ganzes Lamm gewürzt, mit Reis und Rosinen gefüllt und im Ganzen gebraten. Im Alltag verleihen eher preiswerte Fleischstücke Suppen und Eintöpfen ein kräftiges Aroma, Pasteten füllt man gern mit Hackfleisch und teurere Stücke werden kurz gebraten.

Lamm und Hammel kommen in der Region überall auf den Tisch, ob gegrillt, in Eintöpfen oder als Braten, wobei in vielen Gerichten das Lamm auch durch Rindfleisch ersetzt werden kann, wenn Sie das lieber mögen. Hackfleisch kommt sehr häufig zum Einsatz, weil es eine günstige Möglichkeit ist, fettere, preiswerte Stücke von Rind oder Lamm zu verwerten, zum Beispiel Nacken, Bauchfleisch oder Lammhals. Wenn Sie das Hackfleisch zu Hause selbst durch den Wolf drehen, verwenden Sie unbedingt solche Stücke; hier verhindert das Fett, dass das Fleisch beim Garen austrocknet. In der orientalischen Küche wird Hackfleisch nach dem Wolfen mehrmals geklopft, bis es von fast pastenartiger Konsistenz ist. Daraus werden dann butterzarte Fleischbällchen, Köfte (Seite 36) und Kibbeh (Seite 18) geformt, die als eigenständiges Gericht oder als Einlage in Suppen und Eintöpfen gegessen werden. Statt des Klopfens können Sie das Hackfleisch in der Küchenmaschine noch weiter zerkleinern.

Preiswertere Fleischstücke wie Lammnacken und Kurzrippensteak sind auch ideal für langsam gegarte Tajines, Biryanis oder Eintöpfe, da sie nach stundenlangem Kochen bei schwacher Hitze zart auseinanderfallen. Tajines und Eintöpfe mit Geflügel sollten ebenfalls auf kleiner Flamme gegart werden, damit das Fleisch nicht zäh wird, und auch hier eignen sich die Ober- und Unterkeulen, am besten inklusive Knochen für zusätzliches Aroma, besser als Brustfilet.

Überhaupt wird in der orientalischen Küche das ganze Tier verwertet: Kopf, Magen und Füße vom Lamm, in Brühe gekocht, sind im Irak als *pacha* bekannt, im Iran werden Hirn, Leber, Herz, Lunge, Hoden und Nieren vom Lamm für Spieße verwendet. Lamm- oder Kalbshirn gilt häufig als Delikatesse und wird paniert gebraten, in Salaten oder als Füllung für Pastetchen genossen. In einigen Regionen gewinnt man das Fett zum Kochen und Backen aus ausgelassenen Schafschwänzen, in der Türkei *kuyruk yağı* genannt. Inzwischen wird allerdings immer häufiger Olivenöl oder geklärte Butter verwendet wird.

Zarte Fleischstücke sollten für kurz gebratene Steaks oder Spieße aufgehoben werden. Traditionell werden Fleischspieße an Straßenständen über Kohlebecken gegrillt, aber Sie können die Zubereitung zu Hause auch unter dem Backofengrill, über einem Holzkohlegrill oder sogar in einer Grillpfanne imitieren. Stecken Sie dazu gewürfeltes Rinderfilet, Lendensteak, Lammlende oder Geflügelbrust auf Spieße – fertig ist der Kebab, der beliebteste Straßensnack im Nahen Osten. Rezepte für einen Huhn- sowie einen Rindfleischspieß finden Sie auf den Seiten 24 bzw. 60.

Iranischer Fischeintopf

ZUBEREITUNG: 30–40 Minuten
GARZEIT: 50–55 Minuten
ERGIBT 4 Portionen

- 85 g Tamarinden im Block
- 1 getrocknete Limette
- 1 EL Olivenöl
- 1 TL Bockshornkleesamen
- 1 Zwiebel, fein gehackt
- 3 Knoblauchzehen, fein gehackt
- 3 Selleriestangen, fein gehackt
- 1 EL brauner Zucker
- 2 EL frische oder getrocknete Bockshornkleeblätter
- 60 g frischer Koriander, grob gehackt, zzgl. 2 EL fein gehackter Koriander zum Garnieren
- 1 EL Mehl
- 1½ TL gemahlene Kurkuma
- 600 g festfleischiges weißes Fischfilet, z. B. Kabeljau oder Seelachs, in mundgerechte Stücke geschnitten
- 2 TL Meersalzflocken
- 2 EL geklärte Butter (siehe Seite 88)
- 200 g rohe Riesengarnelen, ausgelöst und Darmfaden entfernt, Tiefkühlware aufgetaut

Dieser Fischeintopf verdankt sein spezielles Aroma der süßsauren Kombination aus getrockneten Limetten und Tamarinden, die in der iranischen Küche sehr beliebt sind. Getrocknete Limetten, ganze Tamarinde in Blöcken sowie Bockshornkleeblätter finden Sie in arabischen Lebensmittelgeschäften. Geklärte Butter kann man auch fertig kaufen, meist heißt sie *Ghee*, wie in Indien üblich.

1. Die Tamarinden in eine flache, ofenfeste Schüssel geben, mit etwa 700 ml kochendem Wasser bedecken und 20 Minuten quellen lassen.

2. Inzwischen die getrocknete Limette im Mörser zerstoßen. Das Öl in einem großen Topf schwach erhitzen. Die Bockshornkleesamen darin 2 Minuten braten, bis sie duften. Die Zwiebel zufügen und 5 Minuten dünsten. Knoblauch, Sellerie und getrocknete Limette zufügen und unter gelegentlichem Rühren 15 Minuten braten.

3. Inzwischen die Tamarinden inklusive Einweichwasser mit dem Löffelrücken durch ein Sieb in einen Messbecher passieren, sodass nur die Samen und Fasern im Sieb bleiben. Mit einem sauberen Löffel die Siebunterseite abkratzen, um das restliche Fruchtfleisch zu gewinnen. Falls erforderlich, mit Wasser auf 700 ml auffüllen.

4. Den Tamarindensud, Zucker, Bockshornkleeblätter und die Hälfte des frischen Korianders in die Zwiebelmischung rühren. Alles zum Kochen bringen, Hitze reduzieren, Deckel schräg auflegen und 15 Minuten köcheln.

5. Inzwischen Mehl und Kurkuma in einer kleinen Schale mischen. Den Fisch mit der Mischung bestäuben und mit dem Salz bestreuen.

6. Einen Teller mit Küchenpapier auslegen. Die geklärte Butter in einer großen Pfanne stark erhitzen. Den bemehlten Fisch darin portionsweise 2–3 Minuten goldbraun braten, dabei nach der Hälfte der Garzeit wenden. Auf den vorbereiteten Teller legen.

7. Gebratenen Fisch, rohe Garnelen und den restlichen Koriander in den Eintopf geben. Aufkochen, dann die Hitze reduzieren und 3 Minuten ganz sanft köcheln, bis die Garnelen rosa werden und der Fisch gar ist. Mit dem zusätzlichen Koriander bestreut servieren.

Tipp: *Sie können die Grundlage für diesen Eintopf im Voraus zubereiten und im Kühlschrank aufbewahren, dann langsam auf dem Herd erhitzen und vor dem Servieren ab Schritt 5 fortfahren.*

Die Tajine verdankt ihren Namen dem gleichnamigen irdenen Topf, in dem sie traditionell langsam über offenem Feuer gegart wird. Frikeh (alternativ Freekeh, Farik) ist gerösteter Weizen und gibt eine köstliche Beilage ab.

Huhn-Tajine mit Frikeh

ZUBEREITUNG: 40 Minuten
GARZEIT: ca. 1 Stunde
ERGIBT 4 Portionen

- 1 TL Rosen-Harissa (Fertigprodukt oder siehe Seite 154)
- 1 EL Kreuzkümmelsamen
- ½ TL Pfeffer
- 1 TL Meersalzflocken
- 125 ml Olivenöl
- 1 kg gemischtes Wurzelgemüse, z. B. Karotten, Weißrüben und Kartoffeln, in mundgerechte Stücke geschnitten
- 8 Hähnchenoberschenkel ohne Haut und Knochen, je ca. 150 g
- 2 Zwiebeln, grob gehackt
- 2 Knoblauchzehen, in dünne Scheiben geschnitten
- 150 ml heiße Hühnerbrühe
- 225 g Frikeh, abgespült
- 6 EL grob gehackter frischer Koriander zum Garnieren

1. Rosen-Harissa, Kreuzkümmel, Pfeffer, die Hälfte des Salzes und 5 Esslöffel Öl mit dem Schneebesen in einer kleinen Schüssel verrühren. Das Wurzelgemüse (inklusive Kartoffeln) in einer flachen Schüssel mit der Hälfte der Marinade übergießen und darin wenden. Das Hähnchenfleisch in ein tiefes Backblech legen und mit der restlichen Marinade übergießen.

2. 2 Esslöffel des verbliebenen Öls auf schwacher bis mittlerer Stufe in einem großen, schweren Topf erhitzen. Die Zwiebeln darin 5 Minuten weich braten. Den Knoblauch zufügen und 2 Minuten mitbraten. Das Gemüse mit Marinade zufügen, Deckel auflegen und 10 Minuten garen.

3. Inzwischen das restliche Öl auf mittlerer bis starker Stufe in einer Pfanne erhitzen. Das Fleisch darin 6–8 Minuten braten, bis es von allen Seiten braun ist, dabei gelegentlich wenden. Das Fleisch auf das Gemüse legen. Die Brühe zugießen, Deckel auflegen und alles zum Kochen bringen. Umrühren, auf schwache Hitze reduzieren und 30 Minuten köcheln, bis die Schlegel gar sind.

4. Inzwischen Frikeh, 700 ml Wasser und das restliche Salz in einen Topf geben. Aufkochen, Hitze reduzieren, Deckel auflegen und 25 Minuten köcheln.

5. Fleisch und Gemüse über einer großen Schüssel in einen Durchschlag gießen. Den aufgefangenen Sud wieder in die Pfanne geben und 5 Minuten offen einkochen.

6. Das Frikeh abgießen und in eine Servierschüssel füllen. Fleisch und Gemüse darauf anrichten und mit dem Bratensaft übergießen. Mit dem Koriander bestreuen und sofort servieren.

Tipp: *Ein Esslöffel fein gehackte Salzzitrone passt sehr gut in die Brühe. In Schritt 3 mit der Brühe zufügen.*

Gemüse-Tajine

ZUBEREITUNG: 25 Minuten
GARZEIT: 40 Minuten
ERGIBT 4 Portionen

2 EL Olivenöl

1 große Zwiebel, fein gehackt

3 Knoblauchzehen, zerdrückt

1 EL gemahlener Koriander

2 TL gemahlener Kreuzkümmel

2 TL gemahlener Ingwer

¼ TL rote Chiliflocken

einige Safranfäden

2 rote Paprika, grob gehackt

250 g Kürbisfruchtfleisch, grob gehackt

400 g gehackte Tomaten aus der Dose

2 EL Tomatenmark

125 g getrocknete Aprikosen, Feigen oder Pflaumen, grob gehackt

½ Salzzitrone (siehe Seite 166), abgespült und in dünne Scheiben geschnitten

1 Lorbeerblatt

30 g frischer Koriander, Blätter und Stängel getrennt, Stängel zusammengebunden und leicht angestoßen, Blätter gehackt und zum Garnieren beiseitegelegt

3 Prisen Meersalz

2 Prisen Pfeffer

400 g Kichererbsen in Wasser aus der Dose, abgespült und abgetropft

1 Zucchini, längs halbiert und in Scheiben geschnitten

50 g junger Spinat

1 EL geröstete Mandelblättchen zum Garnieren

400 g Couscous zum Servieren

15 g Butter zum Servieren

Vegetarische Tajines lassen sich aus fast jedem – nicht nur nordafrikanischen – Gemüse herstellen, aber sie müssen unbedingt mit klassischen Aromagebern wie Salzzitronen, getrockneten Aprikosen, Ingwer, Kreuzkümmel und Koriander zubereitet und langsam gegart werden.

1. Das Öl in einem großen, schweren Topf auf mittlerer bis starker Stufe erhitzen. Die Zwiebel darin 3–4 Minuten braten, dabei gelegentlich umrühren. Den Knoblauch zufügen und 1–2 Minuten mitbraten. Gemahlenen Koriander, Kreuzkümmel, Ingwer, Chiliflocken und Safran einrühren und 30 Sekunden mitbraten.

2. Paprika, Kürbis, Tomaten, Tomatenmark, Trockenfrüchte, Salzzitrone, Lorbeerblatt, Korianderstängel zufügen und so viel Wasser zugießen, dass es 7 cm über dem Gemüse steht. Mit je einer Prise Salz und Pfeffer würzen. Deckel auflegen und zum Kochen bringen. Auf schwache Hitze reduzieren und 20 Minuten köcheln.

3. Inzwischen den Couscous in eine flache, hitzebeständige Schüssel geben. Die Butter und eine Prise Salz zufügen. Mit so viel kochendem Wasser übergießen, dass es 2,5 cm über dem Couscous steht, ein gefaltetes Geschirrtuch über die Schüssel legen und den Couscous 10 Minuten quellen lassen, bis der Couscous die Flüssigkeit aufgesogen hat. Mit einer Gabel auflockern.

4. Kichererbsen und Zucchini in die Tajine rühren und 5–10 Minuten weiterköcheln, bis das Gemüse bissfest ist. Den Spinat einrühren und zusammenfallen lassen, dann mit je einer Prise Salz und Pfeffer würzen. Lorbeerblatt und Korianderstängel herausnehmen und wegwerfen.

5. Den Couscous mit einer Gabel auflockern. Die Tajine mit den Mandelblättchen und dem Koriander garnieren und mit dem Couscous servieren.

Tipp: *Variieren Sie das Gemüse ruhig nach Ihren eigenen Vorlieben oder nach dem saisonalen Angebot. Besonders gut eignen sich Auberginen, gehackt und mit dem übrigen Gemüse in Schritt 2 zugefügt.*

Gegrilltes & Braten

Würzige Wraps mit gegrilltem Huhn

ZUBEREITUNG: 20 Minuten
MARINIEREN: 2 Stunden
GARZEIT: 25 Minuten
ERGIBT 4 Portionen

2 TL Bockshornkleesamen
2 TL Fenchelsamen
2 TL Kreuzkümmelsamen
2 Knoblauchzehen, fein gehackt
1 Prise frisch geriebene Muskatnuss
1 TL Cayennepfeffer
abgeriebene Schale und Saft von 1 Bio-Zitrone
1 TL Meersalzflocken, zzgl. 1 kräftige Prise
2 EL Naturjoghurt (10 % Fett)
700 g Hähnchenbrustfilets
2 EL Olivenöl
1 kräftige Prise Pfeffer

Zum Servieren
8 Vollkorn-Wraps
4 EL Tahinisauce (siehe Seite 165)
2 EL Rosen-Harissa (Fertigprodukt oder siehe Seite 154)
2 Tomaten, grob gehackt
4 EL grob gehackter frischer Koriander

Dieses würzige Grillgericht wird traditionell zu Mittag oder als leichtes Abendessen serviert.

1. Eine Pfanne schwach erhitzen. Bockshornklee-, Fenchel- und Kreuzkümmelsamen darin 2–3 Minuten rösten, bis sie anfangen zu duften. Etwas abkühlen lassen, dann im Mörser zerstoßen. In einer Schüssel mit Knoblauch, Muskatnuss, Cayennepfeffer, Zitronenschale, 2 Esslöffeln Zitronensaft, 1 Teelöffel Salz und dem Joghurt gut verrühren.

2. Die Filets mit einem scharfen Messer rundum mehrmals leicht einschneiden und in eine flache, säurefeste Schüssel legen. Das Fleisch mit der Marinade einreiben. Abdecken und 2 Stunden im Kühlschrank marinieren.

3. Den Backofengrill vorheizen. Ein Backblech mit Alufolie auslegen und das marinierte Hähnchenfleisch darauf verteilen. Mit dem Öl beträufeln und mit je einer Prise Salz und Pfeffer bestreuen. Nah unter der Hitzequelle 20 Minuten grillen, dabei zwischendurch einmal wenden.

4. Das Fleisch einige Minuten ruhen lassen, dann grob in Stücke rupfen und mit den Wraps, Tahinisauce, Rosen-Harissa, Tomaten und Koriander servieren. Jeder Gast bereitet sich am Tisch seine Wraps selbst zu.

Tipp: *Als Garprobe mit einem Spieß in die dickste Stelle im Fleisch einstechen. Der austretende Saft sollte klar ohne Spuren von Rot oder Rosa sein.*

Diese würzig marinierten Rindfleischspieße passen gut zu S-chug (siehe Seite 162) und einer Portion lockerem weißem Reis oder Fladenbroten. Da das Fleisch nur kurz und sehr heiß gegart wird, ist es wichtig, ein schnell garendes Steak wie Lende oder Filet zu verwenden. Für dieses Rezept brauchen Sie 20 kleine Holzspieße.

Schisch-Kebab vom Rind mit Pilzen, roten Zwiebeln & Paprika

ZUBEREITUNG: 25 Minuten
MARINIEREN: mind. 2 Stunden
GARZEIT: 15 Minuten
ERGIBT 20 Stück (4 Portionen)

Saft von 1 Zitrone
2 TL gemahlener Kreuzkümmel
2 TL gemahlener Koriander
2 TL gemahlener Zimt
½ TL Cayennepfeffer
2 Knoblauchzehen, zerdrückt
2 EL Olivenöl
600 g Lendensteak, pariert und in 2 cm dicke Würfel geschnitten
200 g weiße oder braune Champignons, große Exemplare halbiert oder geviertelt
1 große rote Zwiebel, in 2 cm große Stücke geschnitten
1 rote Paprika, in 2 cm große Stücke geschnitten
1 TL Meersalzflocken
frische Korianderblätter zum Garnieren

1. Zitronensaft, Kreuzkümmel, Koriander, Zimt, Cayennepfeffer, Knoblauch und Öl in einer großen Schüssel verrühren. Steak, Pilze, Zwiebel und Paprika zufügen und alles gut mischen. Abdecken und im Kühlschrank 2 Stunden oder besser über Nacht marinieren.

2. Zum Grillen 20 dünne Holzspieße 20 Minuten in Wasser einweichen, dann gut abtropfen lassen. Den Ofen auf 225 °C vorheizen. Zwei Backbleche mit Alufolie auslegen.

3. Die Fleischwürfel abwechselnd mit Gemüse und Pilzen auf die Spieße stecken und auf die Backbleche legen. Mit dem Salz bestreuen. 10 Minuten (englisch) bis 12 Minuten (medium) grillen, dann einen Fleischwürfel anschneiden und überprüfen, ob er den gewünschten Garzustand erreicht hat.

4. Vor dem Servieren die Spieße noch 5 Minuten unter Alufolie ruhen lassen.

Tipp: *Wenn Sie Ihr Steak durchgegart mögen, erhöhen Sie die Backzeit in Schritt 3 auf 14–15 Minuten. Denken Sie jedoch daran, dass die Fleischwürfel wegen ihrer geringen Größe deutlich zäher werden als ein dickes Steak.*

Dieses Gericht ist in Minutenschnelle zubereitet und darum ideal für eine köstliche Wochentagsmahlzeit. Die würzige, knusprige Kruste bildet einen herrlichen Kontrast zum zarten, saftigen Fisch.

Gebackener Kabeljau mit Harissa-Pinienkern-Kruste & gerösteten Kirschtomaten

ZUBEREITUNG:	10 Minuten
GARZEIT:	15 Minuten
ERGIBT:	2 Portionen

30 g Pinienkerne

15 g frisches oder getrocknetes weißes Paniermehl

abgeriebene Schale von 1 Bio-Zitrone

2 EL grob gehackter frischer Koriander

1 Prise Meersalz

1 TL Olivenöl

200 g Kirschtomaten an der Rispe

2 Kabeljaufilets, je ca. 200 g

2 TL Rosen-Harissa (Fertigprodukt oder siehe Seite 154)

1. Den Ofen auf 200 °C vorheizen. Die Pinienkerne in einem Mörser zerstoßen. In einer Schüssel mit Paniermehl, Zitronenschale, Koriander, Salz und Öl gut vermengen.

2. Die Kirschtomaten an der Rispe auf ein Backblech legen und die Kabeljaufilets mit der Hautseite nach unten danebenlegen. Einen Teelöffel Rosen-Harissa auf jedem Filet verstreichen, dann die Paniermehlmischung darauf verteilen und leicht andrücken.

3. Im oberen Drittel des Ofens 15 Minuten backen, bis die Kruste kross und goldbraun ist und der Fisch sich auf Messerdruck leicht zerteilen lässt. Heiß mit den Tomaten servieren.

Tipp: *Sie können den Kabeljau auch durch jeden anderen festfleischigen weißen Fisch ersetzen – was immer am Einkaufstag gerade frisch ist und gut aussieht.*

Das volle Aroma des Harissa-Dressings dringt noch in das Steak ein, wenn es hier – anders als sonst – nach statt vor dem Grillen mariniert wird.

Gegrilltes Steak mit Harissa

ZUBEREITUNG: 15 Minuten
GARZEIT: 8 Minuten
MARINIEREN: 10 Minuten
ERGIBT 2 Portionen

2 Lenden- oder Rumpsteaks, ca. 2 cm dick

1 Prise Meersalz

1 Prise Pfeffer

2 EL Olivenöl

Harissa-Dressing

1 gehäufter EL Rosen-Harissa (Fertigprodukt oder siehe Seite 154)

4 EL grob gehackte frische Minze

abgeriebene Schale und Saft von 1 Bio-Zitrone

3 EL natives Olivenöl extra

1 Prise Meersalz

1. Die Steaks auf beiden Seiten mit Salz und Pfeffer würzen und gründlich mit dem Olivenöl einreiben. 10 Minuten beiseitestellen.

2. Für das Dressing alle Zutaten in einer kleinen Schüssel mit dem Schneebesen verrühren. Wer es gern scharf mag, gibt noch etwas mehr Harissa dazu. Das Dressing in eine säurefeste Schüssel gießen, in der beide Steaks nebeneinander liegen können.

3. Eine Grillpfanne oder eine schwere Pfanne stark erhitzen, bis sie raucht. Die Steaks in die Pfanne geben und von jeder Seite 1½ Minuten (blutig), 2 Minuten (medium) oder 3–4 Minuten (durchgebraten) braten. Wenn die Steaks dünner oder dicker als 2 cm sind, passen Sie die Garzeit entsprechend an.

4. Die Steaks in die Schüssel mit dem Dressing legen und darin wenden. Mit Alufolie abdecken und 10 Minuten ruhen lassen.

5. Die Steaks auf Teller legen und in Streifen schneiden. Den austretenden Saft ins Dressing zurückschütten, mit dem Schneebesen unterrühren und dann das Dressing komplett über die Steaks löffeln.

Tipp: *Das Rumpsteak sitzt hinter der Lende und kann recht hochwertig sein; wenn Sie es beim Metzger kaufen, bitten Sie um ein Stück vom oberen Ende.*

Die würzigen Köfte mit dem Kräuteraroma sind außen kross und innen zart; ein Fetawürfel in der Mitte sorgt für zusätzlichen salzigen Pep. Sie können dieses Gericht mit Salat und Fladenbrot als Hauptgericht servieren. Zusätzlich brauchen Sie acht kleine Holzspieße.

Lamm-Köfte mit Joghurt-Minze-Dip

ZUBEREITUNG:	30 Minuten
KÜHLEN:	1 Stunde
GARZEIT:	30 Minuten
ERGIBT	8 Stück

1 Zwiebel, fein gehackt

3 Knoblauchzehen, fein gehackt

25 g frische Minze, fein gehackt, zzgl. Minzeblätter zum Garnieren

4 EL fein gehackter frischer Koriander (Blätter mit Stängel)

1 TL gemahlener Zimt

1 TL gemahlener Kreuzkümmel

1 TL gemahlener Ingwer

2 TL Meersalzflocken

450 g Lammhackfleisch

75 g Feta, in 8 Würfel geschnitten

2 EL Olivenöl

200 g Naturjoghurt (10 % Fett) zum Servieren

1. Zwiebel und Knoblauch auf einem Schneidebrett mit einem scharfen Messer zusammen hacken, bis sie eine pastenartige Konsistenz annehmen (verwenden Sie keine Küchenmaschine, sonst wird die Masse zu feucht). In eine große Schüssel geben. 15 g Minze, Koriander, Zimt, Kreuzkümmel, Ingwer und 1½ Teelöffel Salz zufügen und verrühren. Mit den Händen das Hackfleisch unterkneten.

2. Die Masse in acht Portionen teilen und die erste zu einer Kugel rollen, dann auf einer Handfläche flach drücken. Einen Fetawürfel in die Mitte legen und die Seiten darüberschlagen, dann das gefüllte Fleischbällchen an zwei Seiten verjüngen. Mit den restlichen Fleischportionen und Fetawürfeln ebenso verfahren, dann abdecken und die Köfte mindestens 1 Stunde im Kühlschrank fest werden lassen.

3. Inzwischen acht Holzspieße 20 Minuten in Wasser einweichen, dann abtropfen lassen. Den Ofen auf 180 °C vorheizen.

4. Für den Dip den Joghurt mit der übrigen Minze und dem verbliebenen Salz in einer Schüssel verrühren.

5. Eine Grillpfanne oder schwere Pfanne stark erhitzen, bis sie raucht. Jeden Köfte auf einen Spieß stecken und mit etwas Öl bestreichen. 6–8 Minuten kross und goldbraun braten, dabei nach der Hälfte der Grillzeit wenden. Auf ein Backblech legen und noch 10 Minuten im Ofen garen.

6. Mit den übrigen Minzeblättern garnieren und heiß servieren. Den Joghurt-Minze-Dip dazu reichen.

Tipp: *Um die rohe Köftemasse abzuschmecken, eine kleine Menge abteilen und braten, dann erst probieren und die Masse gegebenenfalls nachwürzen.*

Putenschnitzel sind in Israel sehr beliebt. Hier werden sie mit aromatischem Zatar gewürzt und ergeben mit einem Salat ein leicht verdauliches Abendessen. Zum Mittagessen lassen sie sich gut im Pitabrot servieren.

Putenschnitzel mit Zatar & Tahinisauce

ZUBEREITUNG: 20 Minuten
GARZEIT: 12 Minuten
ERGIBT 2 Portionen

2 gehäufte TL Zatar, zzgl. 2 Prisen

4 EL Mehl

3 Prisen Meersalzflocken

50 g Paniermehl

1 Ei

2 Putenbrustfilets, je ca. 175 g

2 EL Olivenöl

2 EL Tahinisauce (siehe Seite 164) zum Servieren

½ Zitrone, in Spalten geschnitten, zum Servieren

1. 2 gehäufte Teelöffel Zatar, Mehl und eine Prise Salz auf einem großen Teller mischen und beiseitestellen. Das Paniermehl auf einen zweiten Teller geben. Das Ei in einem tiefen Teller verquirlen.

2. Die Filets mit großem Abstand auf ein Schneidebrett legen. Mit Klarsichtfolie abdecken und die Filets abwechselnd mit einer Teigrolle plattieren, bis sie überall weniger als 5 mm dick sind. Dieser Vorgang macht das Fleisch zart und es wird schneller gar.

3. Jedes Filet zuerst im gewürzten Mehl, dann im Ei und zuletzt im Paniermehl wenden.

4. Einen Teller mit Küchenpapier auslegen. 1 Esslöffel Öl in einer großen Pfanne auf mittlerer bis starker Stufe erhitzen. Die Schnitzel von jeder Seite 2 Minuten braten, dabei nach der Hälfte der Garzeit einen weiteren Esslöffel Öl in die Pfanne geben. Überprüfen, ob das Fleisch durchgegart ist, dann auf den vorbereiteten Teller legen.

5. Die Schnitzel heiß mit je einer Prise Salz und Zatar bestreut servieren und dazu die Tahinisauce sowie die Zitronenspalten zum Beträufeln reichen.

Tipp: *Wenn Sie das Gericht für mehr als zwei Personen zubereiten wollen, heizen Sie den Ofen auf 50 °C vor. Die gebratenen Schnitzel auf ein Backblech legen und im Ofen warm halten, bis alle Schnitzel fertig sind.*

Eine köstliche Art, einen Fisch im Ganzen zuzubereiten! Die Gewürze dominieren nicht, bringen aber genau das richtige Maß an Schärfe und Aroma ins Spiel und sorgen durch die krosse Kruste für einen schönen Kontrast zum zarten Fisch. Das Rezept lässt sich leicht auch für mehr als zwei Personen umrechnen. Servieren Sie dazu gedämpftes Gemüse oder Meerfenchel.

Red Snapper im Gewürzmantel

ZUBEREITUNG:	10 Minuten
GARZEIT:	20 Minuten
ERGIBT	2 Portionen

2 ganze Red Snapper (Malabar-Schnapper), abgeschuppt und ausgenommen

abgeriebene Schale von 1 Bio-Zitrone, zzgl. 1 Zitrone, in dünne Scheiben geschnitten

3½ EL Dukkah-Gewürzmischung

60 g gemahlene Mandeln

4 EL Olivenöl

4 EL fein gehackter frischer Koriander

2 TL Meersalzflocken

1. Den Ofen auf 200 °C vorheizen. Ein großes Backblech mit Backpapier auslegen und den Fisch darauflegen.

2. Zitronenschale, Dukkah, Mandeln, Öl, Koriander und Salz in einer Schüssel mischen.

3. Je 2 Esslöffel der Masse mit dem Löffel auf einer Seite jedes Fischs verteilen und leicht andrücken. Die Fische umdrehen und je 2 Esslöffel auf der anderen Seite verteilen. Restliche Gewürzmasse in die Körperhöhlen füllen. Die Zitronenscheiben ebenfalls auf die Körperhöhlen verteilen.

4. 20 Minuten backen, bis der Fisch sich durch Messerdruck leicht teilen lässt. 2 Minuten ruhen lassen, dann heiß servieren.

Tipp: *Achten Sie beim Kauf ganzer Fische auf helle, klare Augen, glänzende Haut und hellrote Kiemen sowie darauf, dass er frisch riecht. Wenn die Augen eingesunken und matt sind oder der Fisch „nach Fisch“ riecht, kaufen Sie ihn nicht. Wenn Sie keinen Red Snapper bekommen, weichen Sie auf Meerbrasse aus.*

Süße und herzhafte Zutaten werden in der orientalischen Küche oft kombiniert. Hier sorgen Feta und Pinienkerne mit Rosinen und Zitrone für ein breites Aromenspektrum in der feinen Kräuterfüllung. Für dieses Rezept brauchen Sie 24 Cocktailstäbchen.

Gefüllte gegrillte Sardinen mit Feta, Pinienkernen & Zitrone

ZUBEREITUNG:	30 Minuten
GARZEIT:	6 Minuten
ERGIBT	4 Portionen

12 Sardinen ohne Kopf, ausgenommen

100 g Pinienkerne

85 g Rosinen

100 g Feta, zerkrümelt

abgeriebene Schale von 2 Bio-Zitronen, zzgl. 1 Zitrone, in Spalten geschnitten, zum Servieren (nach Belieben)

40 g glatte Petersilie, fein gehackt

1 Prise Meersalz

1 Prise Pfeffer

3 EL Olivenöl

1. Die Sardinen im Schmetterlingsschnitt aufschneiden und die Wirbelsäule herausziehen (siehe Tipp unten).

2. Eine Pfanne auf schwacher Stufe erhitzen. Die Pinienkerne hineingeben und 5–6 Minuten goldbraun rösten, dabei nach der Hälfte der Röstzeit die Pfanne kräftig rütteln. Abkühlen lassen und die Hälfte im Mörser fein zerstoßen. In eine Schüssel geben, Rosinen, Feta, Zitronenschale, Petersilie, die ganzen Pinienkerne, Salz und Pfeffer zugeben und alles gut mischen.

3. 2 Teelöffel Füllung in die Körperhöhle jeder Sardine löffeln. Die Sardine wie ein Buch zuklappen und mit einigen Cocktailstäbchen oder einem Bindfaden zusammenhalten.

4. Den Backofengrill auf hoher Stufe vorheizen. Ein Backblech mit Alufolie auslegen. Die gefüllten Sardinen auf dem Blech verteilen und mit der Hälfte des Öls beträufeln. 6 Minuten grillen, nach der Hälfte der Grillzeit wenden und mit dem restlichen Öl beträufeln. Heiß servieren, nach Belieben mit Zitronenspalten zum Beträufeln.

Tipp: *Für den Schmetterlingsschnitt die ausgenommene Sardine ohne Kopf aufklappen und mit der Hautseite nach oben auf eine Arbeitsfläche legen. Mit einer Hand den Schwanz festhalten und mit der anderen kräftig von unten nach oben mit Druck die Wirbelsäule entlangfahren, bis der Fisch flach liegt. Die Sardine umdrehen und die Wirbelsäule vorsichtig lösen, dann herausschneiden. Die restlichen Gräten mit einer Pinzette entfernen.*

Marokkanisch gewürztes Brathähnchen mit gefüllten Zwiebeln

ZUBEREITUNG: 20 Minuten
MARINIEREN: 2 Stunden
GARZEIT: 1½ Stunden
ERGIBT 6 Portionen

5 Knoblauchzehen
3 EL Naturjoghurt (10 % Fett), zzgl. 3 EL für die Bratensauce (nach Belieben)
1 TL gemahlener Kreuzkümmel
1 TL gemahlener Koriander
2 TL Cayennepfeffer
½ TL gemahlene Kurkuma
2 TL Meersalzflocken, zzgl. 2 Prisen
2 TL gemahlener Ingwer
2,5-cm-Stück Ingwer, geschält und fein gerieben
1 Zitrone, halbiert
1 Poularde, 2 kg
8 kleine rote Zwiebeln, geschält
75 g weiche Butter
abgeriebene Schale von 1 Bio-Zitrone
1 EL Sumach
6 EL fein gehackte frische Minze
1 Prise Pfeffer

Dieses Brathähnchen eignet sich gut als Hauptbestandteil eines feierlichen Sonntagsessens mit Freunden. Das Beizen des Hähnchens vor dem Braten verbessert sowohl das Aroma als auch die Konsistenz.

1. Zwei Knoblauchzehen in eine Schüssel reiben. 3 Esslöffel Joghurt, Kreuzkümmel, Koriander, Cayennepfeffer, Kurkuma, 2 Teelöffel Salz, den gemahlenen sowie den frischen Ingwer zufügen. Den Saft einer halben Zitrone hineinpressen und alles gut verrühren.

2. Die Poularde in eine tiefe Bratform legen und Haut und Körperhöhle mit der Gewürzmischung einreiben. Die restlichen Knoblauchzehen und die zweite Zitronenhälfte komplett in die Körperhöhle schieben. Mit Klarsichtfolie abdecken und 2 Stunden im Kühlschrank marinieren.

3. Den Ofen auf 200 °C vorheizen. Jede Zwiebel kreuzweise tief einschneiden (fast bis zum Schneidebrett). Butter, Zitronenschale, Sumach, Minze und eine Prise Salz in eine Schüssel geben und gründlich verrühren. Die Zwiebeln mit der Buttermasse füllen und neben die Poularde legen. Das Ganze 1½ Stunden im Ofen braten, bis das Fleisch gar ist. Für die Garprobe mit einem Spieß in den dicksten Teil der Oberkeule stechen. Der austretende Saft sollte klar ohne Spuren von Rot oder Rosa sein. Wenn die Poularde noch nicht gar ist, wieder in den Ofen schieben und nach 10 Minuten erneut die Garprobe machen.

4. Poularde und Zwiebeln auf eine Servierplatte heben, locker mit Alufolie abdecken und 10 Minuten ruhen lassen. Inzwischen die Backform auf mittlerer Hitze auf den Herd stellen und überschüssiges Fett von der Garflüssigkeit abschöpfen. Den Garsud zum Kochen bringen und auf die Hälfte einkochen. Mit je einer Prise Salz und Pfeffer würzen, dann den restlichen Joghurt einrühren, falls verwendet. Brathähnchen und Zwiebeln mit der Sauce servieren.

Tipp: *Weitere Garprobe für ein ganzes Huhn: Ziehen Sie den Schenkel vorsichtig vom Körper ab. Er sollte „nachgeben“ und es sollten keine Spuren von Blut am Körper bleiben.*

Gegrillte Aubergine mit Granatapfel, Koriander & Joghurt
siehe Seite 78

Dieses Gericht eignet sich ideal für ein Dinnerbuffet und lässt sich leicht hochrechnen, wenn Sie für mehr als vier Personen kochen. Für die Zubereitung brauchen Sie ein Stück Gaze oder Käseleinen.

Gegrillte Aubergine mit Granatapfel, Koriander & Joghurt

ZUBEREITUNG:	15 Minuten
GARZEIT:	ca. 25 Minuten
ERGIBT	4 Portionen als Beilage oder 2 Portionen als Hauptgericht

300 g Naturjoghurt (10 % Fett)

½ TL Meersalzflocken, zzgl. 1 Prise

1 Aubergine, in 5 mm dicke Scheiben geschnitten

½ TL gemahlene Kurkuma

2 EL Olivenöl

3 EL fein gehackter frischer Koriander

Samen von ½ Granatapfel

1. Ein Sieb mit Gaze auslegen und über eine Schüssel hängen. Den Joghurt in einer zweiten Schüssel mit einer Prise Salz verrühren und in das vorbereitete Sieb füllen. Die Ecken der Gaze aufnehmen und leicht miteinander verdrehen, dann den Joghurt 30 Minuten abtropfen lassen. Die Flüssigkeit wegschütten.

2. Die Schnittseiten der Auberginenscheiben mit Kurkuma und ½ Teelöffel Salz bestreuen und gut einreiben.

3. Eine Grillpfanne oder schwere Pfanne auf mittlerer bis starker Stufe erhitzen, bis sie raucht. Eine Seite jeder Auberginenscheibe mit Öl einpinseln, portionsweise mit der Ölseite nach unten in die Grillpfanne legen und leicht andrücken. 3 Minuten braten, dann die Oberseiten mit Öl einpinseln, die Scheiben wenden und weitere 3 Minuten braten.

4. Die Auberginenscheiben möglichst nebeneinander auf eine große Servierplatte legen. Abkühlen lassen und auf jeder Scheibe 2 Teelöffel des abgetropften Joghurts verstreichen. Mit Koriander und Granatapfelsamen bestreuen. Bei Zimmertemperatur servieren.

› **Bild siehe vorangehende Doppelseite**

Tipp: *Dieses Gericht schmeckt noch besser, wenn es einige Stunden im Kühlschrank ruht. Vor dem Servieren wieder auf Zimmertemperatur erwärmen.*

Dieses schnelle Schüsselgericht besticht durch die typisch orientalischen Aromen von Harissa und Rosenwasser. Es ist einfach genug für eine schnelle Mahlzeit unter der Woche und gleichzeitig ausgefallen genug für Gäste.

Brathuhnteile mit Harissa & Rosenwasser

ZUBEREITUNG: 25 Minuten
MARINIEREN: mind. 1 Stunde
GARZEIT: 60–70 Minuten
ERGIBT 4 Portionen

6 Hähnchenoberschenkel mit Knochen

6 Hähnchenunterschenkel mit Knochen

1 Zitrone, in 8 Spalten geschnitten

30 g Mandelblättchen zum Garnieren

3 EL grob gehackter frischer Koriander zum Garnieren

Marinade

1 EL Olivenöl

2 EL Rosen-Harissa (Fertigprodukt oder siehe Seite 154)

1 TL Rosenwasser

1 gehäufter TL Naturjoghurt (10 %)

2 Salzzitronen (siehe Seite 166), abgespült und fein gehackt

1 Prise Meersalz

1 EL Rosenblütenblätter (nach Belieben)

1. Für die Marinade alle Zutaten in einer Schüssel verrühren.

2. Mit einem scharfen Messer jedes Hähnchenteil mehrmals tief einschneiden. Die Teile mit der Marinade einreiben und in eine flache Schale legen. Abdecken und mindestens 1 Stunde oder über Nacht im Kühlschrank marinieren.

3. Den Ofen auf 180 °C vorheizen. Hähnchenteile und die Zitrone nebeneinander auf ein großes Backblech legen. 30 Minuten backen, dann die Hitze auf 200 °C erhöhen und 30–40 Minuten weiterbacken, bis die Hähnchenschenkel tiefgoldbraun und gar sind. Für die Garprobe mit einem Spieß in den dicksten Teil stechen. Das Fleisch sollte nicht mehr rosa und der austretende Saft sollte klar sein. Mit Alufolie abdecken und 10 Minuten ruhen lassen.

4. Inzwischen die Mandelblättchen nebeneinander auf einem Backblech verteilen und 3–4 Minuten goldbraun rösten; dabei regelmäßig kontrollieren, da sie schnell anbrennen.

5. Die Hähnchenteile auf einer großen Servierplatte anrichten, mit Koriander und Mandelblättchen bestreuen und servieren.

› **Bild siehe nächste Doppeleite**

Tipp: *Rosenwasser gibt es in verschiedenen Intensitäten. Schmecken Sie die Marinade daher unbedingt vor dem Einlegen ab und prüfen Sie, ob das Aroma Ihnen zusagt.*

Brathuhnteile mit Harissa & Rosenwasser

siehe Seite 79

Durch das langsame Braten der Lammkeule zergeht das Fleisch auf der Zunge und Ihre Küche duftet noch länger herrlich nach Orient. Bei diesem Gericht entsteht fast von selbst eine köstliche Bratensauce mit den Aromen des Ras el-Hanout, aber auch das S-chug auf Seite 162 passt wunderbar dazu. Wenn Sie nicht für sechs bis acht Personen kochen, können Sie auch eine halbe Lammkeule (1 kg) kaufen, sie mit der Hälfte der übrigen Zutaten zubereiten und in Schritt 3 nur 2½ statt 3 Stunden braten.

Gebratene Lammkeule mit Ras el-Hanout & Thymian

ZUBEREITUNG: 15 Minuten
GARZEIT: 3½ Stunden
RUHEN: 30 Minuten
ERGIBT 6–8 Portionen

20 frische Zweige Zitronenthymian

8 Knoblauchzehen, geschält, zzgl. 2 ganze Knollen, waagerecht halbiert

4 TL Meersalzflocken, zzgl. 1 Prise

4 EL Ras el-Hanout

4 EL Olivenöl

1 Lammkeule, 2–2,5 kg

2 rote Zwiebeln, geviertelt

1 Prise Pfeffer zum Servieren

1 EL Naturjoghurt (10 % Fett) zum Servieren

1. Den Ofen auf 150 °C vorheizen. Die Blättchen von der Hälfte der Thymianzweige streifen und in einen Mörser geben. Die Knoblauchzehen und 3 Teelöffel Salz zufügen und alles zerstoßen. Ras el-Hanout und Öl zufügen und alles geduldig zu einer groben Paste vermischen.

2. Die Lammkeule in eine tiefe Backform legen. Mit einem scharfen Messer die Haut mehrmals oberflächlich einschneiden. Mit der Gewürzpaste einreiben und diese sorgfältig in die Einschnitte massieren. Mit 1 Teelöffel Salz bestreuen, die halbierten Knoblauchknollen und die Zwiebelviertel danebenlegen, den restlichen Zitronenthymian darauf verteilen und 300 ml Wasser darübergießen.

3. 30 Minuten offen im Ofen braten. Das Lamm mit der Flüssigkeit aus der Form übergießen und das Blech mit Alufolie abdecken. 3 Stunden weiterbraten, dabei alle halbe Stunde begießen.

4. Die Keule mit Zwiebeln und Knoblauch auf einer vorgewärmten Servierplatte anrichten, mit Alufolie abdecken und noch 30 Minuten ruhen lassen.

5. Für die Bratensauce Öl und Fett vom Garsud abschöpfen und ihn mit je einer Prise Salz und Pfeffer abschmecken. Den Joghurt einrühren und zur Lammkeule servieren.

Tipp: *Noch intensiver schmeckt die Sauce, wenn Sie die Garflüssigkeit nach dem Abschöpfen des Öls in einen kleinen Topf schütten und auf die Hälfte einkochen. Mit Salz und Pfeffer abschmecken, vom Herd nehmen und den Joghurt unterrühren.*

Dieser gewürzte Lachsbraten eignet sich gut als schnelles Abendessen unter der Woche, schmeckt aber auch spektakulär genug für Gäste. Das Garen mit dem Granatapfel *en papillote* (im Päckchen) verleiht dem Fisch ein herrlich süßsaures Aroma. Dazu passt gut der Frikeh-Salat mit dicken Bohnen, Erbsen & Granatapfel (siehe Seite 132).

Lachsbraten mit Gewürzen, Granatapfel & Koriander

ZUBEREITUNG: 10 Minuten
GARZEIT: 15–20 Minuten
ERGIBT 4 Portionen

- 4 Lachsfilets
- 2 TL Ras el-Hanout
- 1 TL Meersalzflocken
- abgeriebene Schale und Saft von 1 Bio-Zitrone
- 2 TL Olivenöl
- Samen von ½ Granatapfel
- 4 EL grob gehackter frischer Koriander

1. Den Ofen auf 180 °C vorheizen. Vier rechteckige Stücke Backpapier zuschneiden, die groß genug zum Einwickeln eines Lachsfilets sind, sowie vier etwas größere rechteckige Stücke Alufolie. Jedes Stück Backpapier auf ein Stück Alufolie legen. Ein Lachsfilet in die Mitte jedes Backpapiers legen.

2. Die Filets mit Ras el-Hanout, Salz und Zitronenschale bestreuen und mit Zitronensaft und Öl beträufeln, dann Granatapfelsamen und Koriander darauf verteilen. Die langen Seiten des Backpapiers über dem Fisch aneinanderlegen, dann mehrmals umschlagen und in einer scharfen Falte auf der Oberseite ablegen, die kurzen Seiten unterschlagen. Mit der Alufolie darunter ebenso verfahren, sodass ein festes Päckchen entsteht.

3. Die Päckchen auf ein Backblech legen. Auf oberer Schiene 15–20 Minuten backen, bis der Fisch gar ist und sich auf Messerdruck gut in Stücke teilen lässt. Die Päckchen werden jedoch erst am Tisch ausgewickelt.

Tipp: *Das Garen von Fisch im Päckchen eignet sich besonders gut, wenn Sie nur für eine Person kochen, da es hinterher wenig sauber zu machen gibt und die Aromen besonders intensiv hervortreten.*

Reis & Gemüse

Persischer Juwelenreis

ZUBEREITUNG: 20 Minuten
EINWEICHEN: 1 Stunde
GARZEIT: 35 Minuten
ERGIBT 4 Portionen

400 g Basmatireis
einige Safranfäden
1 EL heiße Vollmilch
4 EL geklärte Butter (siehe Tipp)
1 schwarze Kardamomkapsel
8 Gewürznelken
1 Zimtstange
1 Lorbeerblatt
100 g ganze blanchierte Mandeln
100 g ungesalzene Pistazienkerne
1 große Zwiebel, in dünne Ringe geschnitten
2 kräftige Prisen Meersalz
Zesten von 1 Bio-Orange
75 g Berberitzenbeeren, ersatzweise getrocknete Cranberrys

Dieses traditionelle persische Reisgericht wird an Festtagen serviert. Es heißt „Juwelenreis", weil die Mandeln Perlen symbolisieren, die Pistazien Smaragde, Safran und Orange Gold und die Beeren der Berberitzen Rubine.

1. Den Reis waschen, dann 1 Stunde einweichen.

2. Inzwischen den Safran in der Milch ziehen lassen, während Sie die Zwiebeln und Kerne zubereiten.

3. 3 Esslöffel geklärte Butter in einem großen Topf sanft erhitzen. Kardamom, Nelken, Zimt und Lorbeerblatt darin 1 Minute braten, bis die Mischung duftet. Mandeln und Pistazien zufügen und 3–4 Minuten goldbraun braten, dabei nach der Hälfte der Bratzeit den Topf rütteln.

4. Die gewürzten Kerne mit einem Schaumlöffel auf einen Teller legen. Die Butter stärker erhitzen, die Zwiebel und eine kräftige Prise Salz in den Topf geben und 10 Minuten unter gelegentlichem Rühren goldbraun und kross braten. Falls der Topf trocken aussieht, den restlichen Esslöffel geklärte Butter zufügen.

5. Den Reis gut abtropfen lassen und unter die Zwiebelmischung rühren. Orangenzesten und Berberitzen zufügen und auch die Kernmischung wieder in den Topf geben. 3–4 Minuten unter ständigem Rühren braten.

6. Den Safran mit dem Rücken eines Teelöffels in der heißen Milch zerdrücken, um mehr Farbe freizusetzen, dann in die Reis-Zwiebel-Mischung geben. Eine kräftige Prise Salz und 750 ml Wasser zufügen. Alles zum Kochen bringen, gut umrühren, einen dicht schließenden Deckel auflegen und bei geringer Hitze 15 Minuten kochen. Die Flüssigkeit sollte komplett aufgesogen sein.

7. Den Deckel abnehmen, den Reis mit einer Gabel auflockern, auf große Teller verteilen und abdämpfen lassen. Heiß servieren.

Tipp: *Für 4 Esslöffel geklärte Butter 85 g ungesalzene Butter in einem kleinen Topf auf geringer bis mittlerer Hitze zerlassen, bis sie zischt und schäumt. Ein Sieb mit Gaze oder Käseleinen auslegen und über eine Schüssel hängen. Die Butter durch das Sieb abseihen. Die hellgelbe zerlassene Butter in der Schüssel ist nun geklärt und kann stärker erhitzt werden, ohne anzubrennen, da die Milchbestandteile, die in der Regel für das Anbrennen verantwortlich sind, im Sieb zurückgeblieben sind, und der Wasseranteil verdampft ist.*

Die krosse, knusprig goldbraune Kruste oder *tahdig* beim Reis nach persischer Art schmeckt köstlich. Hier wird sie durch das Sonnengelb des Safranreises verstärkt – daher der Name „Doppelgold". Zur Zubereitung brauchen Sie einen großen Topf mit einem fest schließenden Deckel.

Gerösteter Doppelgold-Safranreis

ZUBEREITUNG: 10 Minuten
GARZEIT: 50 Minuten
ERGIBT 4 Portionen

300 g Basmatireis
einige Safranfäden
45 g Butter
1 EL natives Olivenöl extra
1 kräftige Prise Meersalz

1. Den Reis in kaltem Wasser spülen, dabei das Wasser mehrmals wechseln (siehe Tipp auf Seite 92). Den abgetropften Reis in einen Topf füllen und mit dem fünf- bis sechsfachen Volumen kochenden Wassers bedecken. Unter gelegentlichem Rühren 5 Minuten sprudelnd ankochen, dann gründlich abtropfen lassen.

2. Inzwischen den Safran in einem Mörser zerstoßen. 2 Teelöffel kochendes Wasser zufügen, im Mörser schwenken und in eine kleine Schüssel gießen. Ziehen lassen.

3. Den Reis in eine große Schüssel geben. Das Safranwasser untermischen, bis der Reis gleichmäßig goldgelb gefärbt ist.

4. Butter, Öl und Salz in einem großen, schweren Topf auf mittlerer Stufe erhitzen, bis die Butter nicht mehr zischt. Eine Schicht Reis auf dem Topfboden verteilen, dann den restlichen Reis kegelförmig daraufschichten – so kann er besser dämpfen. Den Topf mit Alufolie abdecken, Deckel auflegen und die Folie fest über den Rand schlagen. 5 Minuten kochen, bis der Reis am Boden knusprig ist, dann bei sehr geringer Hitze 40 Minuten dämpfen.

5. Den Reis vom Herd nehmen und im geschlossenen Topf noch 5 Minuten ruhen lassen. Deckel und Alufolie abnehmen und den Reis auf Teller verteilen. Mit einem Pfannenwender vorsichtig die Reiskruste vom Topfboden lösen und dazu servieren.

Tipps: *Beim Untermischen des Safrans unter den Reis etwas Reis in den Mörser und die Einweichschüssel geben, um das Safranwasser vollständig aufzunehmen. Damit möglichst wenig Dampf aus der Reisschüssel entweicht, ein gefaltetes Geschirrtuch sorgfältig über Folie und Deckel um den Rand legen. Auf genügend Abstand zum Herd achten, vor allem bei Gasherden.*

Lamm-Biryani mit Aprikosen

ZUBEREITUNG: 45 Minuten
GARZEIT: 3 Stunden
ERGIBT 6 Portionen

6 EL Ghee (siehe Tipp auf Seite 88)

3 Zwiebeln, die Hälfte in sehr dünne Ringe geschnitten, die andere Hälfte fein gehackt

4 Prisen Meersalz

450 g Lammnacken, gewürfelt

1 EL Olivenöl (nach Belieben)

1 Zimtstange

2 Lorbeerblätter

8 Gewürznelken

3 schwarze Kardamomkapseln

10 grüne Kardamomkapseln, zerstoßen

2 TL gemahlener Ingwer

2 TL gemahlener Kreuzkümmel

1 TL gemahlener Koriander

½ TL gemahlene Kurkuma

200 g getrocknete Aprikosen, halbiert

einige Safranfäden

2 EL heiße Vollmilch

425 g Basmatireis

150 g Naturjoghurt (10 %)

Pfeffer

Tipp: *So spülen Sie Basmatireis: Den Reis in eine tiefe Schüssel geben und mit reichlich kaltem Wasser bedecken. Den Reis umrühren und das Wasser abgießen, drei- bis viermal wiederholen. Wenn das Wasser beim Umrühren klar bleibt, haben Sie den Großteil der Stärke ausgespült.*

Dieses luxuriöse persische Festgericht eignet sich ideal für eine Party. Sie können das Lamm einen Tag im Voraus braten und das Gericht am nächsten Tag mit dem Reis fertigstellen. Dazu passt gut Joghurt und der Granatapfelsalat mit Kräutern & Pistazien (siehe Seite 142).

1. Den Ofen auf 150 °C vorheizen. 2 Esslöffel Ghee auf mittlerer Hitze in einer ofenfesten Pfanne erhitzen. Die Zwiebelringe mit einer Prise Salz darin 10 Minuten unter gelegentlichem Rühren goldbraun und kross braten. Die Zwiebeln mit einem Schaumlöffel aus der Pfanne heben und auf einen Teller legen. In derselben Pfanne die Fleischwürfel portionsweise rundum einige Minuten braten und mit einem Schaumlöffel auf einen Teller heben. Falls erforderlich, zwischen den Bratgängen das Öl in die Pfanne geben.

2. Inzwischen 2 Esslöffel Ghee in einem großen Topf sanft erhitzen. Zimt, Lorbeer, Nelken und Kardamom darin 2 Minuten braten, bis die Mischung duftet. Die fein gehackten Zwiebeln und eine kräftige Prise Salz zufügen, Deckel auflegen und unter gelegentlichem Rühren 10 Minuten dünsten. Ingwer, Kreuzkümmel, Koriander und Kurkuma unterrühren und 2 Minuten mitbraten. Lamm und getrocknete Aprikosen einrühren und den Topf vom Herd nehmen.

3. Die Pfanne wieder auf den Herd stellen und erhitzen. 100 ml Wasser hineingießen und den Bratensatz damit loskochen. Die Flüssigkeit zum Fleisch gießen. Noch 300 ml Wasser zugießen und aufkochen. Auf schwache Hitze reduzieren, mit Alufolie abdecken, Deckel auflegen und 1½ Stunden im Ofen backen. Abkühlen lassen.

4. Den Safran in einem Mörser zerstoßen, mit der Milch übergießen und ziehen lassen.

5. Den Reis in kaltem Wasser spülen, dabei das Wasser mehrmals wechseln (siehe Tipp). Den abgetropften Reis in einen großen Topf füllen und etwa 2 Liter kochendes Wasser zugießen. Unter gelegentlichem Rühren 5 Minuten kochen, dann gut abtropfen lassen.

6. Den Joghurt unter das abgekühlte Fleisch rühren, dann salzen und pfeffern. Den Boden eines großen Schmortopfs mit einigen Esslöffeln Sauce bedecken. Eine Schicht angegarten Reis darauf verteilen, mit einigen Teelöffeln Safranmilch beträufeln, mit einer Prise Salz bestreuen und erst einige Zwiebelringe, dann Fleisch darauf verteilen. Diese Schichtung wiederholen, bis Reis, Lamm und Zwiebeln aufgebraucht sind, mit einer Schicht Reis und Safranmilch enden. Mit dem restlichen Ghee beträufeln, mit Alufolie abdecken und den Deckel auflegen. 5 Minuten auf dem Herd dünsten, dann im Ofen 40 Minuten backen.

Irakisches Khichdi

ZUBEREITUNG: 25 Minuten
GARZEIT: 50 Minuten
ERGIBT 6 Portionen

- 200 g Basmatireis
- 200 g rote Linsen
- 2 EL Pflanzenöl
- 2 TL Kreuzkümmelsamen
- 2 Zwiebeln, in dünne Ringe geschnitten
- 3 kräftige Prisen Meersalzflocken
- 1 TL gemahlene Kurkuma
- 2 TL gemahlener Kreuzkümmel
- 2 TL gemahlener Koriander
- 2 TL gemahlener Ingwer
- 150 g frisch gepalte Erbsen oder tiefgefrorene Erbsen (nach Belieben)
- 4 EL grob gehackter frischer Koriander
- 2 kräftige Prisen Pfeffer
- ½ EL Olivenöl
- 6 Eier
- 300 g Naturjoghurt (10 % Fett) zum Servieren

Khichdi ist das Vorbild für das in Großbritannien so beliebte Kedgeree. Es ist im gesamten Nahen Osten und in Indien unter verschiedenen Bezeichnungen und in verschiedenen Varianten bekannt und besteht aus Zutaten, die in den meisten Haushalten immer vorhanden sind: Reis, Linsen und Zwiebeln. Diese irakische Version ist mit einem Spiegelei garniert.

1. Reis und Linsen in kaltem Wasser spülen, dabei das Wasser mehrmals wechseln (siehe Tipp auf Seite 92).

2. Das Pflanzenöl in einer großen Pfanne sanft erhitzen. Die Kreuzkümmelsamen darin 1 Minute braten, bis sie duften. Die Zwiebeln zufügen, auf mittlere bis starke Hitze erhöhen und 10 Minuten goldbraun und kross braten. Die Hälfte der Zwiebeln auf einen Teller geben und mit einer kräftigen Prise Salz bestreuen.

3. Kurkuma, Kreuzkümmel, Koriander, Ingwer und eine kräftige Prise Salz zu den in der Pfanne verbliebenen Zwiebeln geben und unter häufigem Rühren 2–3 Minuten mitbraten. Abgetropften Reis und Linsen zufügen und 2–3 Minuten weiterbraten. Den Pfanneninhalt in einen großen Topf umfüllen.

4. 650 ml Wasser in den Topf gießen und aufkochen. Umrühren, auf schwache bis mittlere Hitze reduzieren, Deckel auflegen und 30 Minuten köcheln.

5. Die Erbsen (falls verwendet) separat in kochendem Wasser blanchieren, dann mit dem Großteil des Korianders unter das Khichdi rühren. Mit Salz und Pfeffer kräftig abschmecken. Falls die Konsistenz zu fest ist, etwas Wasser nachgießen.

6. Das Olivenöl in einer Pfanne erhitzen. Die Eier 3 Minuten oder bis zur gewünschten Garstufe braten (siehe Tipp unten). Das Khichdi auf sechs flache Teller verteilen, etwas Joghurt darüberlöffeln. Auf jede Portion etwas von den beiseitegestellten Zwiebeln geben, ein Spiegelei darauflegen und mit dem restlichen Koriander garnieren. Zum Schluss mit grob gemahlenem Pfeffer bestreuen.

Tipp: *Die Eier 3 Minuten braten, wenn das Eigelb flüssig bleiben soll. Wenn Sie es lieber fester mögen, braten Sie die Eier 1–2 Minuten länger.*

Pilz-Auberginen-Moussaka

ZUBEREITUNG: 40 Minuten
GARZEIT: 1¾ Stunden
ERGIBT 6 Portionen

3 große Auberginen, längs in dünne Scheiben geschnitten

3 EL Olivenöl

1 TL Meersalzflocken, zzgl. 3 Prisen

Pilzsauce

2 EL Olivenöl

2 Zwiebeln, fein gehackt

2 Knoblauchzehen, fein gehackt

600 g kleine braune Champignons, fein gehackt

5 frische Salbeiblätter, fein gehackt

Thymianblättchen von 5 Zweigen

Oreganoblätter von 2 Stängeln, fein gehackt

½ TL gemahlener Zimt

800 g gehackte Tomaten aus der Dose

3 kräftige Prisen Pfeffer

Béchamelsauce

500 ml Vollmilch

30 g Butter

40 g Mehl

1 Prise frisch geriebene Muskatnuss

2 Prisen weißer Pfeffer

40 g Pecorino oder Parmesan, fein gerieben

1 Ei, leicht verquirlt

Dieses im arabischen Raum bis hin zu Griechenland und Bulgarien beliebte Gericht gibt mit seinen üppigen Schichten aus seidenweichen Auberginen, cremiger Béchamelsauce und Pilzen mit Kräuteraroma den idealen Mittelpunkt für ein vegetarisches Festmahl ab. Statt die Auberginenscheiben in heißem Öl zu braten, werden sie hier gebacken; das spart Zeit, Mühe und Kalorien.

1. Den Ofen auf 200 °C vorheizen. Zwei Backbleche mit Backpapier auslegen. Die Auberginenscheiben auf die Bleche verteilen, von beiden Seiten mit Öl bestreichen und mit 1 Teelöffel Salz bestreuen. 20 Minuten backen. Falls erforderlich, den Vorgang verlängern, bis alle Scheiben weich sind.

2. Inzwischen für die Pilzsauce das Öl in einer großen Pfanne sanft erhitzen. Zwiebeln und Knoblauch darin unter häufigem Rühren 10 Minuten dünsten. Die Pilze einrühren und 5 Minuten mitbraten. Salbei, Thymian, Oregano und Zimt unterrühren und 2 Minuten weiterbraten. Tomaten, 100 ml Wasser und je eine kräftige Prise Salz und Pfeffer zufügen. Alles aufkochen, dann auf schwache bis mittlere Hitze reduzieren und bei schräg aufliegendem Deckel 20 Minuten köcheln. Mit Salz und Pfeffer abschmecken.

3. Für die Béchamelsauce die Milch in einem Topf bis kurz unter den Siedepunkt erhitzen. Inzwischen die Butter in einem weiteren Topf erhitzen, bis sie schäumt. Das Mehl zur Butter geben und 2 Minuten stetig rühren, bis die Masse klumpt und sich von den Topfrändern löst. Die heiße Milch in dünnem Strahl zugießen und jeweils kräftig unterrühren. Aufkochen und weiterrühren, bis eine dicke, glatte Sauce entstanden ist.

4. Die Béchamelsauce unter ständigem Rühren 3 Minuten kochen, Muskat und weißen Pfeffer zugeben. Vom Herd nehmen und den Käse sowie eine Prise Salz einrühren. Abkühlen lassen, dann das Ei mit dem Schneebesen unterrühren.

5. Eine Lasagneform mit einer Schicht Auberginenscheiben auslegen, ein Drittel der Pilzsauce darauf verteilen, dann eine weitere Schicht Auberginenscheiben und ein weiteres Drittel der Pilzsauce zufügen und das Ganze noch einmal wiederholen. Die Béchamelsauce über die Moussaka gießen, dann mit grob gemahlenem schwarzem Pfeffer bestreuen.

6. 30–35 Minuten backen, bis die Moussaka goldbraun und aufgegangen ist. Vor dem Servieren 10–15 Minuten abkühlen lassen.

Gewürze in der orientalischen Küche

Wenn man wirklich verstehen will, wie groß die Auswahl an Gewürzen ist, die einem Koch im Nahen Osten zur Verfügung stehen, besucht man am besten einmal einen Suq oder Basar vor Ort, mit all den Körben voller Gewürze. Viele davon werden Sie kennen: Sternanis, Pimentkörner, Zimtstangen, Kardamomkapseln, Gewürznelken, Muskatnüsse, getrocknete Chilis und verschiedenfarbige Pfefferkörner oder Kümmel-, Koriander-, Kreuzkümmel-, Fenchel- und Bockshornkleesamen. Schwer zu vergleichen mit den winzigen Mengen im Gewürzregal Ihres Supermarkts! Wenn Sie Gewürze daheim kaufen, sollten Sie vorzugsweise die unzerkleinerte Variante wählen und das Gewürz bei Bedarf in kleinen Mengen selbst mahlen oder zerstoßen. Auf diese Weise bleiben die Gewürze frisch und aromatisch. Ich spare gern Zeit, indem ich dafür eine elektrische Kaffeemühle verwende, die traditionelle Methode ist natürlich das Mörsern.

Zu den ungewöhnlicheren Gewürzen, die man in einem Suq findet, gehören ganze Kurkumaknollen (Gelbwurzeln), die aussehen wie frischer Ingwer, aber kleiner und innen leuchtend gelborange sind, sowie Körbe mit Bockshornkleeblättern, Sumach, Kassienrinde und getrockneter Kamille. Den hübschesten Anblick bieten die rosafarbenen, edelsteinähnlichen Rosenknospen, die in Pilafs, Geflügelgerichten und Süßigkeiten zum Einsatz kommen. Hinter der Ladentheke finden Sie außerdem den hochgeschätzten und teuren iranischen Safran, der in der gesamten Region bei besonderen Gelegenheiten Verwendung findet. Ich strecke Safran zu Hause, indem ich eine kleine Prise in einem Mörser mit Meersalzflocken zusammen zerstoße und das zart gefärbte Salz in einem Salzstreuer aufbewahre, um Gerichte mit etwas Safranaroma zu veredeln.

Auf dem Gewürze-Suq finden Sie auch viele spezielle regionale Zutaten wie zum Beispiel getrocknete Limetten von stumpf graugrüner Färbung, die wie hohle, missgestaltete Golfbälle aufgeschichtet werden. In heißen Ländern kann man Limetten sogar in der Sonne trocknen. Getrocknete Limetten und Tamarinden werden in der iranischen und irakischen Küche verwendet, um Gerichten ein köstliches säuerliches Aroma zu verleihen. In der marokkanischen Küche werden eher Salzzitronen eingesetzt; nach dem Rezept auf Seite 166 lassen sie sich einfach herstellen.

Alle Gewürzhändler im Suq verkaufen eine ähnliche Auswahl an Gewürzen. Was sie voneinander unterscheidet, sind ihre Hausmischungen. Die beste Mischung ist immer das Ras el-Hanout – bestehend aus 12 bis 100 der besten Gewürze im Laden, hergestellt nach einem streng gehüteten Geheimrezept. Andere beliebte Gewürzmischungen, die man vermehrt auch bei uns bekommt, sind Zatar (getrockneter Thymian, Salz und geröstete Sesamsaat) und Dukkah (zerstoßene Kreuzkümmelsamen, Haselnüsse, Sesamsaat und Koriandersamen), die beide gern in Olivenöl gerührt als Dip für Pitabrote gegessen werden. Speziellere Mischungen sind zum Beispiel das ägyptische *quatre-épice* (Pfeffer, Muskatnuss, Gewürznelken und Zimt), das libanesische Sieben-Gewürze-Pulver (Muskatnuss, Ingwer, Piment, Bockshornkleesamen, Gewürznelken, Zimt und schwarzer Pfeffer) oder das scharfe *baharat* (z. B. aus Koriandersamen, schwarzem Pfeffer, Gewürznelken, Kardamom, Kreuzkümmelsamen, Zimt, edelsüßem Paprikapulver, Muskatnuss, Sumach, Safran, Kurkuma und Chili).

Dieser sommerliche Salat schmeckt am besten frisch, und solange der Halloumi noch heiß ist. Er kann aber auch einige Stunden im Voraus zubereitet und im Kühlschrank aufbewahrt werden. Lassen Sie ihn dann vor dem Servieren aber erst wieder auf Raumtemperatur kommen.

Kichererbsen-Halloumi-Salat mit roten Zwiebeln & Koriander

ZUBEREITUNG:	10 Minuten
GARZEIT:	12 Minuten
ERGIBT	4 Portionen

200 g Halloumi, in Scheiben geschnitten

400 g Kichererbsen in Wasser aus der Dose, abgespült und abgetropft

1 rote Zwiebel, fein gehackt

3 EL fein gehackter frischer Koriander

Saft von 1½ Zitronen

1 EL natives Olivenöl extra

Meersalz

Pfeffer

1. Eine Grillpfanne oder schwere Pfanne stark erhitzen, bis sie raucht. Den Halloumi portionsweise in der trockenen Pfanne (ohne Fett) 4–6 Minuten grillen, bis er Grillstreifen hat und teils goldbraun und kross ist, zwischendurch einmal wenden. Auf einem Schneidebrett etwas abkühlen lassen, dann in 1 cm große Stücke schneiden.

2. Halloumi, Kichererbsen, Zwiebel, Koriander, Zitronensaft und Öl in einer großen Salatschüssel vermengen. Mit Salz und Pfeffer abschmecken, dann sofort servieren.

***Tipp:** Dieser Salat passt gut zu allem Kurzgebratenem, vor allem zu Lamm.*

Dieses nordafrikanische Frühstück aus Spiegeleiern auf Tomaten, Chili, Zwiebeln und Knoblauch ist in der ganzen Region sehr beliebt. Kann als Frühstück oder mit Fladenbroten als leichtes Abendessen serviert werden.

Schakschuka

ZUBEREITUNG: 20 Minuten
GARZEIT: 45 Minuten
ERGIBT 4 Portionen

- 3 EL Olivenöl
- 1 TL Kreuzkümmelsamen
- 2 rote Zwiebeln, in dünne Ringe geschnitten
- 2 Knoblauchzehen, fein gehackt
- 1 roter Chili, Samen entfernt und fein gehackt
- 1 TL Meersalzflocken, zzgl. 1 Prise
- 2 rote Paprika, in Streifen geschnitten
- 3 Rispentomaten, grob gehackt
- 2 Prisen Pfeffer
- 4 Eier
- 2 TL Zatar

1. Den Ofen auf 180 °C vorheizen. Das Öl in einer großen, ofenfesten Pfanne sanft erhitzen. Kreuzkümmel zufügen und 1–2 Minuten braten, bis er duftet. Zwiebeln, Knoblauch, Chili und 1 Teelöffel Salz zufügen und unter häufigem Rühren 5 Minuten dünsten.

2. Paprika zufügen und auf mittlere Hitze erhöhen. Unter ständigem Rühren 1 Minute braten. Auf schwache Hitze reduzieren, Deckel auflegen und 20 Minuten dünsten, dabei gelegentlich umrühren.

3. Die Tomaten und eine je Prise Salz und Pfeffer zufügen. Weitere 5 Minuten dünsten.

4. Mit einem Holzlöffel vier Vertiefungen für die Eier in die Sauce drücken und in jede ein Ei schlagen. Dann das Zatar über Eier und Sauce streuen.

5. 10 Minuten im Ofen backen, bis die Eier gerade gestockt sind. Die restliche Prise Pfeffer darüberstreuen und heiß servieren.

Tipp: *Halten Sie die Schakschuka beim Garen im Auge und nehmen Sie sie aus dem Ofen, sobald die Eier so fest sind, wie Sie es mögen – für sehr gut durchgegarte Eier muss sie bis zu 15 Minuten im Ofen bleiben.*

Dieser würzige Reissalat mit getrockneten Aprikosen, glänzenden Rosinen und knackigem Grünkohl kombiniert die Aromen und Farben Marokkos.

Marokkanisches Huhn mit Reis

ZUBEREITUNG: 15 Minuten
GARZEIT: 35 Minuten
ERGIBT 4 Portionen

250 g Naturreis
2 TL Tomatenmark
500 g Hähnchenbrustfilet
85 g getrocknete Aprikosen, grob gehackt
55 g Rosinen
55 g Salzzitronen, abgespült und fein gehackt
1 kleine rote Zwiebel, fein gehackt
3 EL Pinienkerne
85 g Grünkohl, zerpflückt

Dressing
2 TL Rosen-Harissa (Fertigprodukt oder siehe Seite 154)
4 EL Olivenöl
Saft von 1 Zitrone
1 Prise Meersalz
1 Prise Pfeffer

1. Den Reis in einen Topf geben und mit kochendem Wasser bedecken. Aufkochen und 25–30 Minuten köcheln, bis er gerade weich ist. Abgießen, abtropfen lassen und in eine Salatschüssel umfüllen.

2. Inzwischen für das Dressing alle Zutaten in ein Schraubglas geben, den Deckel aufschrauben und das Ganze kräftig schütteln.

3. 2 Esslöffel Dressing in eine Schüssel löffeln und das Tomatenmark einrühren. Den Backofengrill vorheizen und die Grillpfanne mit Alufolie auslegen. Das Hähnchenfleisch nebeneinander auf die Folie legen. Mit etwas Tomatendressing bestreichen und 15–18 Minuten grillen, bis es goldbraun und gar ist, dabei nach der Hälfte der Grillzeit wenden und erneut mit Dressing bestreichen. Ein Filet in der Mitte durchschneiden und sicherstellen, dass das Fleisch nicht mehr rosa ist. Der austretende Saft sollte klar sein. Abdecken und abkühlen lassen.

4. Das restliche Dressing über den Reis träufeln. Getrocknete Aprikosen, Rosinen, Salzzitronen und Zwiebel zufügen, dann alles vermengen und abkühlen lassen. Die Pinienkerne bei mittlerer Hitze 2–3 Minuten in einer Pfanne trocken rösten. Den Grünkohl 2–3 Minuten blanchieren. Pinienkerne und Grünkohl zum Salat geben und unterrühren. Das Fleisch in Streifen oder Scheiben schneiden, auf dem Salat anrichten und servieren.

Tipp: *Nehmen Sie möglichst (dunkle) getrocknete Aprikosen statt geschwefelter (hellorangefarbener); sie sehen nicht so „frisch“ aus, schmecken aber natürlicher und fruchtiger.*

Bunte Gemüse-Halloumi-Spieße

ZUBEREITUNG: 25 Minuten
GARZEIT: 20–30 Minuten
ERGIBT 20 Stück

250 g braune Champignons, je nach Größe halbiert oder geviertelt

250 g Halloumi, in 1,5 cm dicke Würfel geschnitten

1 große Aubergine, in 2 cm dicke Stücke geschnitten

450 g Kirschtomaten

1 EL Ras el-Hanout

1 TL Meersalzflocken, zzgl. 1 kräftige Prise

3 EL Olivenöl

Diese würzigen Spieße sind eine prima vegetarische Ergänzung beim Grillfest und eignen sich hervorragend, wenn viele Gäste erwartet werden. Wenn Sie dazu Fladenbrote (siehe Seite 174), Naturjoghurt, Tahinisauce (siehe Seite 165) und Rosen-Harissa (siehe Seite 154) servieren, können die Gäste sich selbst Wraps zusammenstellen. Für dieses Rezept brauchen Sie 20 Holzspieße.

1. 20 Holzspieße 20 Minuten in Wasser legen, dann gut abtropfen lassen. Den Ofen auf 180 °C vorheizen.

2. Champignons, Halloumi, Aubergine und Kirschtomaten in eine große Schüssel geben und gut mischen. Ras el-Hanout, 1 Teelöffel Salz und das Öl zufügen und erneut alles vermengen.

3. Gemüse und Halloumi in beliebiger Kombination auf die Spieße stecken und auf zwei große Backbleche verteilen. 20–30 Minuten rösten, bis das Gemüse weich ist. Mit einer kräftigen Prise Salz bestreut servieren.

Tipp: *Sie können die Spieße auch im Voraus vorbereiten und vor dem Rösten einige Stunden im Kühlschrank marinieren. In dem Fall etwas Zitronensaft mit in die Marinade rühren, damit die Aubergine nicht braun wird.*

Warme rote Linsen mit Spinat

ZUBEREITUNG: 25 Minuten
GARZEIT: 25 Minuten
ERGIBT 4 Portionen

2 EL Olivenöl
2 TL Kreuzkümmelsamen
2 Knoblauchzehen, zerdrückt
2-cm-Stück Ingwer, geschält und fein gerieben
300 g rote Linsen
700 ml heiße Gemüsebrühe
2 EL grob gehackte frische Minze
2 EL grob gehackter frischer Koriander
2 rote Zwiebeln, in dünne Ringe geschnitten
200 g junger Spinat
1 TL Haselnussöl
150 g Ziegenfrischkäse
4 EL Naturjoghurt (10 % Fett)
1 Prise Pfeffer

Dieser erdige Salat erhält durch Minze und Koriander eine frische Note. Er bildet eine gute Ergänzung zum Granatapfelsalat mit Kräutern & Pistazien (siehe Seite 142).

1. 1 Esslöffel Olivenöl in einem großen Topf auf mittlerer Stufe erhitzen. Kreuzkümmel, Knoblauch und Ingwer darin 2 Minuten unter Rühren braten. Die Linsen einrühren, dann kellenweise die Brühe zufügen; dazwischen köcheln und gelegentlich umrühren, bis die Brühe aufgenommen wurde, dann erst die nächste Kelle zufügen. Der ganze Vorgang dauert etwa 20 Minuten. Vom Herd nehmen und Minze und Koriander unterrühren.

2. Inzwischen das restliche Olivenöl in einer Pfanne auf schwacher bis mittlerer Stufe erhitzen. Die Zwiebeln darin unter häufigem Rühren braten, bis sie weich, aber noch deutlich rot sind.

3. Spinat und Haselnussöl in eine Schüssel geben und mischen. Auf vier Teller verteilen.

4. Ziegenkäse und Joghurt in einer kleinen Schüssel verrühren.

5. Die Linsen auf den Spinat löffeln, mit den Zwiebeln garnieren, einen Klecks Ziegenkäse-Joghurt-Masse dazugeben und mit Pfeffer bestreut servieren.

Tipp: *Es ist wichtig, die Linsen für den Salat nicht zu übergaren, sie sollten noch bissfest sein.*

Die Okra erfreut sich im ganzen Nahen Osten großer Beliebtheit und wird hier ohne Fleisch mit Knoblauch, Tomaten und Kichererbsen kombiniert, was an die sephardische Küche erinnert. Durch das separate Rösten wird die Okra nicht schleimig.

Okras mit Kichererbsen, Tomaten, Knoblauch & Zwiebeln

ZUBEREITUNG:	25 Minuten
GARZEIT:	45 Minuten
ERGIBT	6 Portionen

- 525 g Okras
- 2 TL Sumach
- abgeriebene Schale und Saft von 1 Bio-Zitrone
- 3 Prisen Meersalz
- 2 Prisen Pfeffer
- 4 EL Olivenöl
- 1 TL Koriandersamen
- 1 große Zwiebel, in dünne Ringe geschnitten
- 500 g Rispentomaten, grob gehackt
- 2 Knoblauchzehen, zerdrückt
- 400 g Kichererbsen in Wasser aus der Dose, abgespült und abgetropft
- 25 g frischer Koriander, grob gehackt, zzgl. 1 EL Koriander zum Garnieren

1. Den Ofen auf 200 °C vorheizen. Okras, Sumach, Zitronenschale, je eine Prise Salz und Pfeffer und die Hälfte des Öls in einer tiefen Backform mischen. 20 Minuten weich rösten.

2. Inzwischen das restliche Öl in einer Pfanne sanft erhitzen. Die Koriandersamen zufügen und 2 Minuten braten, bis sie duften. Auf mittlere bis starke Hitze erhöhen, die Zwiebel mit einer Prise Salz zufügen und 10 Minuten unter gelegentlichem Rühren braten.

3. Tomaten und Knoblauch zur Zwiebel geben und 5 Minuten köcheln, dabei größere Tomatenstücke mit einem Holzlöffel zerdrücken. Kichererbsen, gehackten Koriander und 125 ml Wasser zufügen, aufkochen, dann die Hitze reduzieren, Deckel auflegen und 15 Minuten köcheln. Deckel abnehmen und 5 Minuten einkochen.

4. Die gerösteten Okras unterrühren, dann mit dem Zitronensaft und je einer Prise Salz und Pfeffer würzen. Mit dem restlichen gehackten Koriander garnieren und servieren.

Tipp: *Falls Sie die Okras vor dem Rösten waschen, tupfen Sie sie anschließend gründlich mit Küchenpapier ab, sonst werden sie im Ofen gedämpft statt geröstet.*

Dieses leicht gewürzte Röstgemüse ergibt mit Couscous oder Reis eine herrliche leichte Mahlzeit, eignet sich aber genauso gut als Beilage für Brathähnchen oder Bratfisch.

Geröstete Rote Beten & Karotten mit Tahini-Dressing

ZUBEREITUNG:	15 Minuten
GARZEIT:	60–70 Minuten
ERGIBT	2 Portionen

350 g kleine rohe Rote Beten, geviertelt

350 g Karotten, in mundgerechte Stücke geschnitten

1 TL Kreuzkümmelsamen

1 TL Koriandersamen

1 TL Meersalzflocken

2 EL Olivenöl

20 g Pistazienkerne, geröstet und grob gehackt (siehe Tipp), zum Garnieren

Dressing

1 TL Tahini

1 EL Naturjoghurt (10 % Fett)

1 EL natives Olivenöl extra

Saft von ½ Zitrone

1 Prise Meersalz

1. Den Ofen auf 180 °C vorheizen. Rote Beten, Karotten, Kreuzkümmel, Koriander, Salz und Olivenöl in einer tiefen Backform mischen. 1 Stunde rösten, bis das Gemüse weich ist.

2. Inzwischen für das Dressing Tahini, Joghurt, natives Olivenöl extra und Zitronensaft mit dem Schneebesen verrühren und mit dem Salz würzen.

3. Das Gemüse auf einer Servierplatte anrichten. Das Dressing in Klecksen darauf verteilen oder darüberträufeln, mit den Pistazien bestreuen und sofort servieren.

Tipp: *So rösten Sie eine große Menge Pistazien auf einmal: Den Ofen auf 180 °C vorheizen, die Pistazien nebeneinander auf einem Backblech verteilen und 5–10 Minuten rösten. Regelmäßig überprüfen, da sie schnell anbrennen. Kleinere Mengen können Sie auch ohne Fettzugabe in einer Pfanne verteilen und bei schwacher Hitze 5–6 Minuten rösten, bis sie gleichmäßig goldbraun sind und Röstaromen verbreiten. Dabei die Pfanne regelmäßig rütteln. Lassen Sie die Pistazien nicht unbeaufsichtigt – sie brennen garantiert an, sobald Sie ihnen den Rücken zukehren!*

Dieses Gericht ist ausreichend sättigend, um als vegetarisches Hauptgericht serviert zu werden, eignet sich aber auch hervorragend als Beilage zu Lamm oder Huhn.

Würziger gerösteter Blumenkohl mit Mandeln & Tahini-Dip

ZUBEREITUNG: 10 Minuten
GARZEIT: 35 Minuten
ERGIBT 4 Portionen

1 großer Blumenkohl, in Röschen geteilt

1 TL Baharat-Gewürzmischung

1 TL Meersalzflocken

2 EL Olivenöl

25 g blanchierte Mandeln, geröstet (siehe Tipp auf Seite 110)

3 EL grob gehackter frischer Koriander

Tahini-Dip

20 g Tahini

4 EL Naturjoghurt (10 % Fett)

Saft von ½ Zitrone

1 Prise Meersalz

1 Prise Pfeffer

1. Den Ofen auf 200 °C vorheizen. Den Blumenkohl auf ein großes Backblech legen. Baharat-Gewürzmischung, Salz und Öl darauf verteilen und alles gut mischen. 25–35 Minuten rösten, bis der Blumenkohl leicht geschwärzt ist, aber noch Biss hat.

2. Inzwischen für den Dip Tahini, Joghurt und Zitronensaft in einer Schüssel mischen, dann mit Salz und Pfeffer würzen.

3. Den Blumenkohl auf einer Servierplatte anrichten, den Tahini-Dip in Klecksen darauf verteilen und mit Mandeln und Koriander bestreuen. Sofort servieren.

Tipp: *Wenn Sie keine Baharat-Gewürzmischung finden, können Sie stattdessen stattdessen gemahlenen Koriander, gemahlenen Kreuzkümmel und gemahlenen Zimt zu gleichen Teilen mischen.*

Röstkürbis mit libanesischem Sieben-Gewürze-Pulver, Feta & Pinienkernen

ZUBEREITUNG: 15 Minuten
GARZEIT: 45 Minuten
ERGIBT 6 Portionen

1 kg Butternusskürbisfruchtfleisch oder andere Kürbissorte, in Spalten geschnitten
2 TL Meersalzflocken, zzgl. 1 Prise
2 EL natives Olivenöl extra
1 Prise Pfeffer
30 g Pinienkerne
75 g Feta, zerkrümelt
3 Frühlingszwiebeln, in dünne Ringe geschnitten
30 g Rucola

Libanesisches Sieben-Gewürze-Pulver

1 EL Pfeffer
1 EL gemahlener Piment
1 EL gemahlener Zimt
1 TL frisch geriebene Muskatnuss
1 TL gemahlener Koriander
1 TL gemahlene Gewürznelken
1 TL gemahlener Ingwer

Ein wunderbares Gericht für viele Gäste, das sich mit jeder Art von Kürbis zubereiten lässt. Die knackigen Frühlingszwiebeln und der salzige Feta sorgen für einen herrlichen Kontrast zum rauchigen, würzigen Kürbis.

1. Den Ofen auf 200 °C vorheizen. Für das Sieben-Gewürze-Pulver alle Gewürze in einer kleinen Schüssel miteinander mischen.

2. Den Kürbis auf einem Backblech verteilen, mit 2 Esslöffeln Sieben-Gewürze-Pulver und 2 Teelöffeln Salz bestreuen, mit dem Öl beträufeln und mit den Händen alles gut vermengen. 45 Minuten rösten, bis der Kürbis weich ist. Etwas abkühlen lassen und mit je einer Prise Salz und Pfeffer würzen.

3. Die Pinienkerne in einer Pfanne bei mittlerer Hitze 2–3 Minuten rösten. Mit Feta, Frühlingszwiebeln und Rucola auf dem Kürbis verteilen und sofort servieren.

Tipp: *Die beim Kürbisputzen anfallenden Kerne abspülen und trocken tupfen, dann mit einem Teelöffel Sieben-Gewürze-Pulver in der Pfanne goldbraun rösten. Mit Meersalz bestreuen. Sie können die Kürbiskerne anstelle der Pinienkerne in diesem Rezept verwenden oder als Snack knabbern. Übrig gebliebenes Sieben-Gewürze-Pulver in einem luftdicht verschlossenen Schraubglas aufbewahren (Beschriften nicht vergessen).*

Es gibt zahlreiche Variationen des würzigen libanesischen Kartoffelgerichts Batata Harra. In manchen werden Chili und Zwiebeln verwendet, in diesem Rezept stehen aber die köstlich krossen Kartoffeln im Mittelpunkt, die bei der Zubereitung mit anderem Gemüse schnell weich werden. Als Besonderheit werden hier Kräuter in heißer Butter gebraten, um die Aromen zu verstärken – eine klassische Technik in der orientalischen Küche.

Batata Harra

ZUBEREITUNG:	10 Minuten
GARZEIT:	50 Minuten
MARINIEREN:	1–4 Stunden
ERGIBT	4 Portionen

1 kg mehligkochende Kartoffeln, mit Schale, in 1,5 cm dicke Stücke geschnitten

3 Knoblauchzehen, zerdrückt

½ TL Cayennepfeffer

2 EL Olivenöl

1 TL Meersalzflocken, zzgl. 1 Prise

20 g Butter

3 EL fein gehackter frischer Koriander

Saft von ½ Zitrone

1 Prise Pfeffer

1. Kartoffeln, Knoblauch, Cayennepfeffer und 1 Esslöffel Öl in einer großen Schüssel mischen. Abdecken und im Kühlschrank mindestens 1 Stunde oder bis zu 4 Stunden marinieren.

2. Den Ofen auf 200 °C vorheizen. Die Kartoffeln auf einem großen Backblech verteilen; falls sie feucht sind, mit Küchenpapier abtupfen. Mit einem weiteren Esslöffel Öl und einem Teelöffel Salz mischen, dann auf oberer Backofenschiene 40–50 Minuten rösten, bis sie goldbraun und kross sind.

3. Wenn die Kartoffeln gar sind, die Butter in einer großen Pfanne sanft erhitzen, bis sie aufhört zu schäumen. Den Koriander darin 1 Minute frittieren. Zu den Backkartoffeln geben, dann mit Zitronensaft beträufeln. Mit Salz und Pfeffer würzen und sofort servieren.

Tipp: *Die Kräuter sind in den Rezepten der orientalischen Küche oft austauschbar. Hier passt Koriander gut, aber Sie können stattdessen auch glatte Petersilie verwenden.*

Salate, Getreide & Couscous

Taboulé ist ein sommerlich frischer, aromatisch grüner Salat, in dem Kräuter die Hauptrolle spielen und rohe Zwiebeln für eine pikante Note sorgen. Wird in der orientalischen Küche zu vielen Gerichten serviert.

Klassisches Taboulé

ZUBEREITUNG:	20 Minuten
GARZEIT:	10 Minuten
ERGIBT	6 Portionen

300 g Bulgur, abgespült

100 g glatte Petersilie, sehr fein gehackt

25 g frische Minze, sehr fein gehackt

½ Zwiebel, sehr fein gehackt

250 g Rispentomaten, Kerne entsorgen, sehr fein gehackt

Saft von ½ Zitrone

2 EL natives Olivenöl extra

1 Prise Meersalz

1 Prise Pfeffer

1. Den Bulgur in einem Topf mit dem vier- bis fünffachen Volumen kochendem Wasser bedecken. Zum Kochen bringen, die Hitze reduzieren und ohne Deckel 8–10 Minuten köcheln, bis er gar, aber noch bissfest ist. Abgießen, abtropfen lassen, dann in eine große, flache Salatschüssel füllen. Auf Raumtemperatur abkühlen lassen.

2. Petersilie, Minze, Zwiebel, Tomaten, Zitronensaft und Öl unter den Bulgur mischen und mit Salz und Pfeffer würzen.

Tipp: *Wenn Sie dem Taboulé eine besondere Note verleihen möchten, mischen Sie Koriander, Liebstöckel oder Sellerieblätter darunter, jeweils sehr fein gehackt.*

Rotes Weizen-Taboulé mit Granatapfel & Hähnchen

ZUBEREITUNG: 20 Minuten
GARZEIT: 35 Minuten
ERGIBT 4 Portionen

225 g ganze Weizenkörner

350 g rohe Rote Beten, gewürfelt

500 g Hähnchenbrustfilets, in dünne Schnitzel geschnitten

1 kleine rote Zwiebel, in dünne Ringe geschnitten

200 g Kirschtomaten, halbiert

Samen von 1 kleinen Granatapfel

2 EL grob gehackte frische Minze

70 g junger Spinat

Dressing

Saft von 1 Zitrone

4 EL natives Olivenöl extra

2 Knoblauchzehen, fein gehackt

1 TL hellbrauner Zucker

1 Prise Salz

1 Prise Pfeffer

In dieser Taboulé-Version verleiht die Kombination aus ganzen Weizenkörnern und dem traditionellen Granatapfel dem klassischen orientalischen Gericht eine moderne Note.

1. Die Basis eines Dampfgarers zur Hälfte mit Wasser füllen, dieses aufkochen, dann die Weizenkörner ins Wasser geben. Die Roten Beten in den Dämpfeinsatz füllen, Deckel auflegen und alles 20–25 Minuten garen. Die Weizenkörner abgießen.

2. Inzwischen für das Dressing Zitronensaft, Öl, Knoblauch und Zucker in ein Schraubglas füllen und mit Salz und Pfeffer würzen. Deckel festschrauben und kräftig schütteln.

3. Das Hähnchen in eine Schüssel legen, die Hälfte des Dressings zugießen und alles gut mischen. Eine Grillpfanne auf mittlerer bis starker Stufe erhitzen, bis sie raucht. Das Fleisch darin 8–10 Minuten grillen, bis es goldbraun und gar ist, dabei ein- bis zweimal wenden.

4. Zwiebel, Kirschtomaten und Granatapfel in eine Salatschüssel geben. Weizen, Rote Beten und Minze zufügen und alles vermengen. Den Spinat auf vier Teller aufteilen und das Taboulé darauf verteilen. Die Hähnchenschnitzel in Streifen schneiden und darauf anrichten. Das restliche Dressing separat dazu reichen.

Hähnchen-Couscous-Salat

ZUBEREITUNG: 25 Minuten
GARZEIT: 20–30 Minuten
ERGIBT 4 Portionen

175 g Vollkorn-Riesencouscous

175 g gegarte Rote Beten im eigenen Saft, abgetropft und gewürfelt

1 kleine rote Zwiebel, fein gehackt

125 g Kirschtomaten, halbiert

Samen von 1 Granatapfel

Saft von 2 Zitronen

2 EL Leinöl

2 EL Olivenöl

4 TL Tomatenmark

1 Prise Meersalz

1 Prise Pfeffer

2 EL grob gehackte frische Minze

1 TL schwarze Pfefferkörner, zerstoßen

500 g Hähnchenbrustfilets, in dünne Schnitzel geschnitten

Die Roten Beten färben den Salat leuchtend rot und die Granatapfelsamen glänzen wie kostbare Juwelen.

1. Den Couscous in einem Topf nach Packungsanweisung garen. Abgießen, abtropfen lassen und in eine Salatschüssel füllen. Rote Beten, Zwiebel, Kirschtomaten und Granatapfelsamen zufügen.

2. Für das Dressing den Saft einer Zitrone, das Leinöl, die Hälfte des Olivenöls und die Hälfte des Tomatenmarks in ein Schraubglas geben, mit Salz und Pfeffer würzen, Deckel festschrauben und kräftig schütteln. Über den Salat träufeln, alles vermengen, dann mit der Minze bestreuen.

3. Den restlichen Zitronensaft, restliches Öl und restliches Tomatenmark mit den zerstoßenen Pfefferkörnern in einen sauberen Plastikbeutel geben, zudrehen und den Inhalt kräftig schütteln. Das Fleisch hineingeben, den Beutel wieder verschließen und schütteln, bis das Fleisch gleichmäßig mit der Marinade überzogen ist.

4. Eine Grillpfanne auf mittlerer bis starker Stufe erhitzen, bis sie raucht. Das Fleisch darin 8–10 Minuten grillen, bis es goldbraun und gar ist, dabei ein- bis zweimal wenden. In Streifen schneiden, auf dem Salat anrichten und servieren.

Bulgur ist in vielen Teilen des Nahen Ostens eine beliebte Alternative zu Reis, vor allem in Syrien und dem Libanon. Dieses köstliche und sättigende vegetarische Hauptgericht eignet sich auch ideal für die Lunchbox.

Bulgursalat mit gerösteten Karotten, Minze & Mandeln

ZUBEREITUNG: 15 Minuten
GARZEIT: 40 Minuten
ERGIBT 4 Portionen

800 g Karotten, in kleine Spalten geschnitten

2 TL Kreuzkümmelsamen

2 TL gemahlener Ingwer

2 TL Meersalzflocken

4 EL Olivenöl

250 g Bulgur, abgespült und abgetropft

100 g blanchierte Mandeln, geröstet (siehe Tipp auf Seite 110)

40 g frische Minze, grob gehackt

Saft von 1 Zitrone

1 kräftige Prise Pfeffer

1. Den Ofen auf 200 °C vorheizen. Karotten, Kreuzkümmel, Ingwer, Salz und 3 Esslöffel Öl in einer tiefen Backform vermengen. 40 Minuten rösten, bis die Karotten weich sind.

2. Inzwischen den Bulgur in einen Topf geben und mit dem drei- bis vierfachen Volumen kochenden Wassers bedecken. Wieder aufkochen, dann die Hitze reduzieren und ohne Deckel 8–10 Minuten köcheln, bis der Bulgur weich ist, aber noch Biss hat. Abgießen und abtropfen lassen, dann mit dem restlichen Esslöffel Öl beträufeln. Einige Minuten im Sieb ausdampfen lassen.

3. Den Bulgur in die Backform mit den fertig gerösteten Karotten füllen. Mandeln, Minze, Zitronensaft und Pfeffer zufügen und alles gut vermengen. Heiß oder kalt servieren.

Tipp: *Soll das Gericht mehr Gemüse enthalten, können Sie Ihr Lieblingswurzelgemüse zusammen mit den Karotten rösten oder in Schritt 3 gehackten jungen Spinat mit der Minze untermischen. Unmittelbar vor dem Servieren können Sie den Salat noch mit zerkrümeltem Feta verfeinern.*

Dieser leichte, sommerliche Couscous passt zu fast jedem orientalischen Gericht. Am besten schmeckt er aber zu gegrilltem Fisch oder Fisch-Tajines, da die Kräuter und die Zitrone das Fischaroma wunderbar ergänzen.

Sommerlicher Couscous mit Kräutern & Salzzitronen

ZUBEREITUNG:	15 Minuten
GARZEIT:	25 Minuten
ERGIBT	4 Portionen

350 g Couscous

½ TL Meersalzflocken

2 EL Olivenöl

4 Frühlingszwiebeln, in dünne Ringe geschnitten

6 EL fein gehackte glatte Petersilie

6 EL fein gehackte frische Minze

6 EL fein gehackter frischer Koriander

15 g Butter

½ Salzzitrone, abgespült und fein gehackt

1. Den Ofen auf 180 °C vorheizen. Den Couscous in eine ofenfeste Form geben. Das Salz in 400 ml kochendes Wasser rühren, dann den Couscous damit übergießen. Ein gefaltetes Geschirrtuch darüberlegen und 10 Minuten zum Quellen beiseitestellen, bis der Couscous weich ist und die Flüssigkeit aufgesogen hat.

2. Das Öl über den Couscous träufeln und alles mit der Gabel auflockern, dabei Klumpen aufbrechen. Die Frühlingszwiebeln und die Hälfte der Kräuter untermischen. Butterflöckchen auf dem Couscous verteilen und mit Alufolie abdecken. 15 Minuten im Ofen backen.

3. Den Couscous noch einmal mit einer Gabel auflockern, dann in eine Salatschüssel umfüllen. Die restlichen Kräuter untermischen und die Salzzitrone darüberstreuen. Warm servieren.

Tipp: *Das Auflockern ist sehr wichtig, da es nicht nur Klumpen auflöst, sondern auch die Körnchen belüftet.*

Durch das Grillen der Auberginen erhält der Dip sein wunderbar rauchiges Aroma. Alternativ können die Auberginen auch über Holzkohle gegrillt oder im Backofen geröstet werden.

Blattsalat mit Rotkohl & Rosinen

ZUBEREITUNG: 30 Minuten
GARZEIT: 20 Minuten
ERGIBT 4 Portionen

2 Karotten, mit einem Gemüseschäler in dünne Streifen gehobelt

350 g Rotkohl, fein geraspelt

55 g Rosinen

125 g gemischter junger Salat (Blutampfer, Beta-Salat und Feldsalat)

Saft von 1 Orange

1 Prise Pfeffer

Dressing

3 Auberginen

3 Knoblauchzehen, fein gehackt

2 EL Tahini

3 EL Hanföl

1 Prise Pfeffer

1. Für das Dressing den Backofengrill vorheizen und den Grillrost herausnehmen. Jede Aubergine an beiden Enden mit der Gabel einstechen, in die Grillpfanne legen und 5 cm unter der Hitzequelle 15–20 Minuten grillen, bis sie rundum schwarz sind, dabei mehrmals wenden. Abkühlen lassen.

2. Karotten, Rotkohl, Rosinen und die Salatmischung auf einer Servierplatte anrichten. Mit dem Orangensaft übergießen und mit Pfeffer würzen.

3. Die Auberginen längs halbieren, das weiche Fleisch mit einem Teelöffel aus der geschwärzten Haut auf ein Schneidebrett schaben. Fein hacken, dann in eine Schüssel geben. Knoblauch, Tahini und Hanföl zufügen, mit Pfeffer würzen und alles verrühren. In kleine Schüsselchen löffeln und separat zu jeder Portion reichen.

Tipp: *Gegrillte Auberginen sind erst gar, wenn sie überall schwarz sind und das Fleisch butterweich ist.*

Fenchel harmoniert wunderbar mit Orange. Dieser Salat passt extrem gut zum Red Snapper im Gewürzmantel (siehe Seite 70).

Quinoasalat mit Fenchel & Orange

ZUBEREITUNG: 20 Minuten
GARZEIT: 12 Minuten
ERGIBT 4 Portionen

900 ml Gemüsebrühe

225 g Quinoa, abgespült und abgetropft

3 Bio-Orangen

250 g Fenchel, fein gehobelt, Fenchelgrün beiseitegelegt und klein zerpflückt

2 Frühlingszwiebeln, fein gehackt

3 EL grob gehackte glatte Petersilie

Dressing

Saft von ½ Zitrone

3 EL natives Olivenöl extra

1 Prise Salz

1 Prise Pfeffer

1. Die Brühe in einen Topf gießen und zum Kochen bringen. Die Quinoa hineingeben, dann die Hitze reduzieren und ohne Deckel 10–12 Minuten köcheln, bis sich die Keime von den Samen trennen. Durch ein Sieb abgießen, abtropfen lassen, in eine Salatschüssel füllen und auf Raumtemperatur abkühlen lassen.

2. Die Schale von zwei Orangen abreiben und in ein Schraubglas füllen. Restliche Schale und die weiße Haut mit einem kleinen Sägemesser von allen drei Orangen schälen und wegwerfen. Jede Orange über eine Schüssel halten und zwischen den Trennhäuten einschneiden, um die Filets herauszulösen. Den Saft aus den Trennhäuten in das Schraubglas drücken.

3. Orangenfilets, Fenchel, Frühlingszwiebeln und Petersilie zur Quinoa geben.

4. Für das Dressing Zitronensaft und Öl ins Schraubglas geben und mit Salz und Pfeffer würzen. Den Deckel festschrauben und schütteln.

5. Das Dressing über den Salat träufeln und alles mischen. Mit dem Fenchelgrün garnieren und sofort servieren.

Tipp: *Mit einem Gemüsehobel, auch Mandoline genannt, lassen sich dünne Streifen sehr einfach herstellen, aber ein kleines, sehr scharfes Messer tut es zur Not auch.*

Dieser leichte, frische Salat ist genau das Richtige für ein Mittagessen im Spätfrühling oder Sommer. Dill wird in der ganzen Region gern gegessen, vor allem im Iran und der Türkei, wo er in verschiedenen Gerichten mit dicken Bohnen kombiniert wird. Wenn Sie diesen Salat als Hauptspeise servieren, passt dazu zerkrümelter Feta; er eignet sich aber auch gut als Beilage zum Lachsbraten mit Gewürzen, Granatapfel & Koriander (siehe Seite 84).

Frikeh-Salat mit dicken Bohnen, Erbsen & Granatapfel

ZUBEREITUNG: 15 Minuten
GARZEIT: 50 Minuten
ERGIBT 4 Portionen

175 g Vollkorn-Frikeh

100 g Erbsen

100 g dicke Bohnenkerne

3 Frühlingszwiebeln, in dünne Ringe geschnitten

3 EL fein gehackter frischer Dill

3 EL fein gehackte frische Minze

abgeriebene Schale und Saft von 1 Bio-Zitrone, zzgl. etwas Saft zum Beträufeln

2 EL natives Olivenöl extra

1 Prise Meersalz

1 Prise Pfeffer

85 g Feta, zerkrümelt (nach Belieben)

Samen von ½ Granatapfel

1. Das Frikeh waschen, dabei das Wasser mehrmals wechseln, zum Schluss abtropfen lassen. In einen Topf geben, mit 600 ml Wasser bedecken und zum Kochen bringen. Die Hitze reduzieren und mit Deckel 45–50 Minuten köcheln, bis das Frikeh gar ist, aber noch Biss hat. Gut abtropfen lassen.

2. Erbsen und Bohnen 1 Minute in kochendem Wasser blanchieren, dann abtropfen lassen, in kaltem Wasser abschrecken und erneut abtropfen lassen. Zum Frikeh geben.

3. Frühlingszwiebeln, Dill, Minze und Zitronenschale unter den Salat mischen. Öl und Zitronensaft unterrühren und mit Salz und Pfeffer würzen. Nach Geschmack mehr Zitronensaft zufügen.

4. Den Salat zimmerwarm mit zerkrümeltem Feta (falls verwendet) und Granatapfelsamen servieren.

Tipp: *Frikeh ist junger, grüner Weizen, der früh geerntet und dann geröstet und aufgebrochen wird. Im Nahen Osten wird seit Urzeiten damit gekocht. Alternativ können Sie Grünkern (halbreifer Dinkel) verwenden.*

Süße Tomaten, krosse salzige Pita-Chips, knackige Radieschen und Gurke ergeben zusammen mit dem Zitrusdressing in diesem traditionellen levantinischen Salat eine unwiderstehliche Kombination. Verwenden Sie die besten Rispen- oder Wildtomaten, die Sie finden können.

Fatousch

ZUBEREITUNG: 15 Minuten
GARZEIT: 12 Minuten
ERGIBT 6–8 Portionen

700 g bunte Tomaten, grob zerkleinert

100 g Radieschen, in dünne Scheiben geschnitten

200 g Salatgurken, in kleine Stücke geschnitten

3 Frühlingszwiebeln, in dünne Ringe geschnitten

3 kräftige Prisen Meersalz

1 Prise Pfeffer

2 EL Olivenöl

200 g Vollkorn-Pitabrot (Fertigprodukt oder siehe Seite 11), in kleine Dreiecke geschnitten

125 g gemischter Blattsalat

Dressing

2 EL natives Olivenöl extra

Saft von ½ Zitrone

1 TL Sumach

1. Tomaten, Radieschen, Gurken, Frühlingszwiebeln und je eine Prise Salz und Pfeffer in einer großen Salatschüssel vermengen.

2. Einen Teller mit Küchenpapier auslegen. Das Öl in einer großen, schweren Pfanne auf mittlerer Stufe erhitzen. Die Pitabrotecken portionsweise 4–6 Minuten kross und goldbraun braten, dabei nach der Hälfte der Bratzeit wenden. Auf den vorbereiteten Teller legen und mit dem restlichen Salz bestreuen. Wiederholen, bis alle Pitabrote gebraten sind.

3. Für das Dressing alle Zutaten in ein Schraubglas geben, Deckel festschrauben und kräftig schütteln.

4. Blattsalat und Pita-Chips zu den Tomaten in die Salatschüssel geben. Das Dressing darüberträufeln und alles sorgfältig vermengen. Sofort servieren.

Tipp: *Wenn Sie diesen Salat im Voraus zubereiten, lagern Sie Dressing, Blattsalat, Tomatenmischung und Pita-Chips separat und kombinieren Sie sie erst unmittelbar vor dem Servieren, sonst weicht das Brot auf.*

Dieser leichte Salat eignet sich ebenso gut als elegante Vorspeise wie als leichtes Mittagessen oder Abendessen, passt aber auch als Beilage zu Lamm-Köfte mit Joghurt-Minze-Dip (siehe Seite 66), zum Red Snapper im Gewürzmantel (siehe Seite 70) oder zur Gebratenen Lammkeule mit Ras el-Hanout & Thymian (siehe Seite 82).

Kressesalat mit Feigen & Ziegenkäse

ZUBEREITUNG: 10 Minuten
ERGIBT 4 Portionen

6 Feigen, längs halbiert

85 g Brunnenkresse

60 g Ziegenfrischkäse

40 g blanchierte Mandeln, geröstet (siehe Tipp auf Seite 110)

Dressing

2 EL fein gehackte frische Minze

Saft von ½ Zitrone

1 EL flüssiger Honig

1 EL natives Olivenöl extra

1 Prise Meersalz

1 Prise Pfeffer

1. Für das Dressing Minze, Zitronensaft, Honig und Öl in einem Schüsselchen mit dem Schneebesen verrühren und mit Salz und Pfeffer würzen.

2. Die Feigen in einer Schüssel mit einem Esslöffel Dressing beträufeln und vorsichtig untermischen.

3. Die Brunnenkresse auf eine Servierplatte oder in eine flache Schale geben. Das verbliebene Dressing über den Salat gießen und unterheben. Feigen, Ziegenkäse und Mandeln auf der Brunnenkresse verteilen. Sofort servieren.

Tipp: *Sie können die Brunnenkresse durch andere zarte Blattsalate wie Spinat, Feldsalat oder Beta-Salat oder auch durch eine Blattsalatmischung ersetzen.*

Essiggemüse wird im Nahen Osten gern gegessen und es dauert nur 30 Minuten, Rote Beten selbst einzulegen. Der weiche Ziegenkäse bildet einen herrlichen Kontrast zu der knackigen Bete und der säuerlichen Grapefruit.

Salat mit eingelegter Roter Bete, Grapefruit & Ziegenkäse

ZUBEREITUNG: 20 Minuten
MARINIEREN: 30 Minuten
ERGIBT 4 Portionen

600 g rohe Rote Beten, geschält und in sehr dünne Scheiben geschnitten

3 EL Weißwein- oder Apfelessig

2 Prisen Meersalzflocken

2 rosa Grapefruits, geschält und filetiert

125 g Ziegenfrischkäse

50 g blanchierte Mandeln, geröstet (siehe Tipp auf Seite 110)

4 EL grob gehackter frischer Dill

Dressing

2 EL natives Olivenöl extra

2 EL flüssiger Honig

2 EL Grapefruitsaft

1 Prise Pfeffer

1. Rote Beten, Essig und eine Prise Salz in einer großen Schüssel mischen. Abdecken und 30 Minuten marinieren.

2. Für das Dressing Öl, Honig und Grapefruitsaft in einer kleinen Schüssel mit dem Schneebesen verrühren und mit je einer Prise Salz und Pfeffer würzen.

3. Eingelegte Rote Beten, Grapefruit, Ziegenkäse und Mandeln auf einer Servierplatte anrichten. Das Dressing über den Salat träufeln und alles mit Dill bestreuen. Sofort servieren.

Tipp: *Noch farbenfroher wird der Salat mit gelber oder gestreifter Roter Bete, wenn diese gerade Saison haben und erhältlich sind.*

Dieser erfrischende, knackige Sommersalat besticht durch die aparte Kombination von süßer Wassermelone und salzigem Feta, die durch das kräftige Minzedressing wunderbar zusammengebracht werden. Servieren Sie ihn mit anderen Sommersalaten an einem heißen Tag als Salatbuffet, nehmen Sie ihn mit zum Picknick oder genießen Sie ihn an einem trüben Tag, um sich die Sonne ins Haus zu holen.

Sommersalat mit Wassermelone, Feta & Minze

ZUBEREITUNG: 15 Minuten
ERGIBT 4 Portionen

300 g Wassermelonenfruchtfleisch ohne Kerne, in 2 cm dicke Würfel geschnitten

300 g Salatgurken, in 2 cm dicke Stücke geschnitten

175 g Feta, in 2 cm dicke Würfel geschnitten

5 g frische Minzeblätter

Dressing

4 EL frische Minze, in Streifchen geschnitten

Saft von 1 Zitrone

2 EL Olivenöl

1 Prise Meersalz

1 Prise Pfeffer

1. Wassermelone, Gurken und Feta in einer großen Schüssel mischen. Die ganzen Minzeblätter zufügen.

2. Für das Dressing Minze, Zitronensaft und Öl in einer kleinen Schüssel verrühren und mit Salz und Pfeffer würzen.

3. Das Dressing über den Salat träufeln und vorsichtig alles so mischen, dass der Feta nicht zerkrümelt. Sofort servieren.

Tipp: *Wenn Sie diesen Salat im Voraus zubereiten, bewahren Sie Wassermelone, Gurke und Feta in drei getrennten Behältern im Kühlschrank auf. Bereiten Sie das Dressing zu und lagern Sie es in einem Schraubglas. Kombinieren Sie die vier Bestandteile erst unmittelbar vor dem Servieren, damit der Salat nicht wässrig wird.*

In diesem erfrischenden, knackigen Salat spielt der Granatapfel einmal die Hauptrolle und ist nicht nur Garnierung. Er passt als köstliches und ungewöhnliches Gericht gut in ein Mezze-Menü, eignet sich aber auch als Beilage zu Hähnchen-Böreks mit Pilzen & Zitrone (siehe Seite 184) oder Rindfleisch-Sambousek (siehe Seite 186).

Granatapfelsalat mit Kräutern & Pistazien

ZUBEREITUNG: 10 Minuten
ERGIBT 4 Portionen

Samen von 2 großen Granatäpfeln
6 EL fein gehackter frischer Koriander
6 EL fein gehackte glatte Petersilie
4 EL fein gehackte frische Minze
30 g Pistazienkerne (ohne Salz), halbiert
2 EL natives Olivenöl extra
Saft von ½ Zitrone

1. Granatapfelsamen, Koriander, Petersilie, Minze und Pistazien in eine Salatschüssel geben und gut mischen.

2. Öl und Zitronensaft darübergießen, unterheben und servieren.

Tipp: *Sie können diesen Salat etwas im Voraus zubereiten und abgedeckt im Kühlschrank aufbewahren. Er sollte aber innerhalb weniger Stunden nach der Zubereitung verzehrt werden.*

Dieser frische Sommersalat passt wunderbar in ein Mezze-Menü oder als Beilage zu Brathähnchen. Durch die zerdrückte Gurke anstelle der üblichen Scheiben erhält der Salat seine ungewöhnliche Konsistenz.

Gurken-Radieschen-Salat mit Sesam & Zitronen-Dill-Dressing

ZUBEREITUNG: 10 Minuten
KÜHLEN: 1 Stunde
ERGIBT 4 Portionen

1 Salatgurke, längs geviertelt und in 5 cm lange Stücke geschnitten

1 kräftige Prise Meersalz

6 Radieschen, fein gehobelt

5 TL Sesamsaat

Dressing

Saft von 1 Zitrone

2 EL rosa Pfefferbeeren, zerstoßen

4 EL natives Olivenöl extra

1 TL Tahini

2 EL fein gehackter frischer Dill

1 kräftige Prise Meersalz

1. Die Gurkenstücke in einen Gefrierbeutel legen und verschließen. Mit einer Teigrolle vorsichtig zu großen, unregelmäßigen Stücken klopfen und diese in ein Sieb geben. Eine kräftige Prise Salz zufügen und das Sieb rütteln. Über eine Schüssel hängen und 1 Stunde in den Kühlschrank stellen, bis die Gurke abgetropft und fest ist.

2. Inzwischen für das Dressing alle Zutaten verrühren.

3. Gurke, Radieschen und Sesamsaat in einer Salatschüssel vermengen. Das Dressing darüberträufeln und unterheben. Sofort servieren.

Tipp: *Gurkensalate schmecken oft wässrig, aber durch das Salzen und einstündige Abtropfen der Gurke bleibt sie frisch und knackig.*

Couscous mit Trockenfrüchten und Nüssen schmeckt köstlich zu Grillfleisch und würzigen Tajines. Traditionell wird ein fruchtiger Couscous oft mit Zimt bestäubt als eigener Gang serviert, oft zum Neutralisieren zwischen zwei Gängen mit sehr unterschiedlichen Aromen.

Couscous mit Nüssen, Datteln & Aprikosen

ZUBEREITUNG: 15 Minuten
GARZEIT: 10 Minuten
ERGIBT 6–8 Portionen

350 g Couscous
½ TL Meersalzflocken
2 EL Olivenöl
12 EL Ghee oder Butter
einige Safranfäden
115 g blanchierte Mandeln
115 g Pistazienkerne (ohne Salz)
1–2 TL Ras el-Hanout
115 g Datteln, in dünne Scheiben geschnitten
115 g getrocknete Aprikosen, in Streifen geschnitten
2 TL Zimt zum Garnieren

1. Den Couscous in eine flache, hitzebeständige Schüssel geben. Das Salz in 400 ml kochendes Wasser rühren und über den Couscous gießen, abdecken und 10 Minuten quellen lassen.

2. Das Öl über den Couscous träufeln und mit einer Gabel einarbeiten, dabei Klumpen aufbrechen.

3. Das Ghee in einer schweren Pfanne auf mittlerer Stufe erhitzen. Safran, Mandeln und Pistazien hineingeben und 1–2 Minuten unter gelegentlichem Rühren braten, bis die Kerne braun werden und zu duften beginnen. Das Ras el-Hanout unterrühren, Datteln und Aprikosen zufügen und unter Rühren 2 Minuten weiterbraten. Den Couscous noch einmal mit einer Gabel auflockern und in die Pfanne geben. Alles vermengen und heiß werden lassen. Vom Herd nehmen.

4. Den Couscous auf einer Servierplatte anrichten. Den Zimt mit den Fingerspitzen von der Mitte aus in Strahlenlinien darauf verteilen, sodass das Muster den Speichen eines Rads ähnelt. Sofort servieren.

Tipp: *Nehmen Sie saftige Datteln, zum Beispiel Medjoul-Datteln, damit der Salat nicht zu trocken wird.*

Dips, Eingelegtes & Saucen

Dieser beliebte levantinische Auberginendip ist einfach zuzubereiten und passt perfekt zu frisch gebackenen Pitabroten (siehe Seite 172). Dieses Rezept ist die ägyptische Version mit Tahini und Zitronensaft. In anderen Regionen bereitet man Baba Ghanoush – auch unter anderen landesspezifischen Namen! – teils mit gebratenen Zwiebeln und Tomaten zu.

Baba Ghanoush

ZUBEREITUNG:	15 Minuten
GARZEIT:	1 Stunde
ERGIBT	4 Portionen

1 große Aubergine

Saft von 1 Zitrone

½ Knoblauchzehe, zerdrückt

2 TL Tahini

1 kräftige Prise Meersalz

2 EL natives Olivenöl extra

1 EL grob gehackte glatte Petersilie

Pitabrot und Gurkensticks zum Servieren (nach Belieben)

1. Den Backofengrill vorheizen und den Grillrost herausnehmen. Die Aubergine rundum mit einer Gabel einstechen, in eine Grillpfanne legen und 5 cm unter der Hitzequelle 1 Stunde grillen, bis sie schwarz ist und fast auseinanderfällt, zwischendurch wenden. Abkühlen lassen.

2. Die Aubergine längs halbieren und das weiche Fruchtfleisch mit einem Löffel aus der Haut in eine Schüssel schaben. Die Haut wegwerfen. Das Fleisch mit einer Gabel zerdrücken, dann Zitronensaft, Knoblauch, Tahini, Salz und 1 Esslöffel Öl unterrühren.

3. Den Dip in eine Servierschüssel füllen, mit der Petersilie bestreuen und mit dem restlichen Öl beträufeln.

Tipp: *Es ist immer ratsam, ein Gericht direkt vor dem Servieren zu kosten und bei Bedarf nachzuwürzen. Vielleicht schmeckt Ihnen dieser Dip ja mit etwas mehr Zitronensaft, Meersalz oder Knoblauch noch besser.*

Rosen-Harissa
siehe Seite 154

Hausgemachtes Harissa ist frischer und hat kräftigere Aromen als gekauftes. Außerdem können Sie genau dosieren, wie viel Chili, Öl und Gewürze hineinkommt.

Rosen-Harissa

ZUBEREITUNG: 15 Minuten
GARZEIT: 3 Minuten
ERGIBT 10 Portionen

2 TL Kreuzkümmelsamen
1 TL Koriandersamen
1 TL Fenchelsamen
8 rote Chilis, grob gehackt
1/2 große rote Paprika, grob gehackt
6 Knoblauchzehen
1/4 TL Rosenwasser
2 EL Olivenöl
2 TL Meersalzflocken, zzgl. 1 Prise
2 EL getrocknete Rosenblütenblätter

1. Eine kleine Pfanne sanft erhitzen. Kreuzkümmel-, Koriander- und Fenchelsamen darin 2–3 Minuten rösten, bis sie duften. In einen Mörser geben und fein zermahlen.

2. Chilis mit Samen, Paprika, Knoblauch, Rosenwasser, Öl, Salz, die Samenmischung und die Hälfte der Rosenblütenblätter in einen Mixer geben und zu einer Paste mit der Konsistenz von Pesto verarbeiten – sie sollte nicht vollkommen glatt sein. Die restlichen Rosenblütenblätter unterrühren und die Mischung salzen.

3. Das Harissa hält sich in einem sterilisierten Schraubglas im Kühlschrank 3–4 Tage.

› **Bild siehe vorangehende Doppelseite**

Tipp: *Wenn die Harissa-Paste etwas dicker sein soll, nehmen Sie nur einen Esslöffel Öl. Wenn Sie lieber eine saucenartige Konsistenz hätten, träufeln Sie mehr Öl hinein und passen Sie die Gewürzmengen entsprechend an. Je nach Geschmack können Sie mehr oder weniger Chilis verwenden.*

Diese Abwandlung des bekannten Zaziki, hier in türkischer Schreibweise, schmeckt köstlich als Dip zu Rohkost oder zu frischem Brot. In kleinen Salatblättern ist es ein praktisches, leckeres Fingerfood.

Cacık mit Roter Bete & Gurke

ZUBEREITUNG: 20 Minuten
ERGIBT 4 Portionen

115 g gegarte Rote Beten, sehr klein gewürfelt

150 g Salatgurken, sehr klein gewürfelt

40 g Radieschen, sehr klein gewürfelt

1 Frühlingszwiebel, fein gehackt

12 Salatherzenblätter

Dip

150 g Naturjoghurt (3,5 % Fett)

1/4 TL gemahlener Kreuzkümmel

1/2 TL flüssiger Honig

2 EL fein gehackte frische Minze

1 Prise Salz

1 Prise Pfeffer

1. Für das Dressing Joghurt, Kreuzkümmel, Honig und Minze in einer Schüssel verrühren. Mit Salz und Pfeffer würzen.

2. Rote Beten, Gurken, Radieschen und Frühlingszwiebel zufügen und alles mischen.

3. Die Salatblätter auf einer Platte anrichten. Etwas Cacık in jedes Blatt löffeln. Sofort servieren.

› **Bild siehe folgende Doppelseite**

Tipp: *Wenn Sie Honig mit einem Löffel aus dem Glas entnehmen, erhitzen Sie den Löffel vorher, damit der Honig leichter abtropft.*

Cacık mit
Roter Bete
& Gurke

siehe Seite 155

Dieser syrische Dip aus roter Paprika und Walnüssen wird in der gesamten Levante gern gegessen. Seine Konsistenz liegt zwischen dickem Hummus und italienischem Pesto. Besonders köstlich zu heißen, knusprigen Pitabroten (siehe Seite 172).

Muhammara

ZUBEREITUNG: 25 Minuten
GARZEIT: 60–70 Minuten
ERGIBT 6 Portionen

3 rote Paprika

60 g Walnusskerne

30 g frisches oder getrocknetes Paniermehl

1 EL Granatapfelmelasse

1 TL Meersalzflocken

4 EL natives Olivenöl extra

Saft von ½ Zitrone

1 Prise Chiliflocken

1. Den Backofengrill vorheizen und den Grillrost herausnehmen. Eine Grillpfanne mit Alufolie auslegen. Alle Paprika in die Grillpfanne legen und 5 cm unter der Hitzequelle 50–60 Minuten grillen, bis sie rundum schwarz sind, zwischendurch wenden.

2. Die heißen Paprika in eine Schüssel legen, mit Klarsichtfolie abdecken und 10 Minuten beiseitestellen, damit der Dampf die Haut lösen kann.

3. Den Ofen auf 180 °C stellen. Walnüsse und Paniermehl auf einem Backblech verteilen und im Ofen 10 Minuten goldbraun rösten. Regelmäßig überprüfen, da die Mischung leicht verbrennt. Auf Raumtemperatur abkühlen lassen.

4. Die Haut von den Paprika abziehen; die Stiele und Samen entfernen und wegwerfen. Den Saft auffangen und mitverarbeiten. Paprika, Walnüsse, Paniermehl, Granatapfelmelasse, Salz, Öl, Zitronensaft und Chiliflocken in der Küchenmaschine zu einer glatten Masse verarbeiten. In eine Schüssel füllen und als Dip servieren.

Tipp: *Jeder hat seine ganz persönliche Vorliebe, was das Gleichgewicht von Salzigkeit, Süße, Säure und Bitterkeit angeht. Probieren Sie das Muhammara nach dem Pürieren und korrigieren Sie ggf. Konsistenz und Geschmack mit mehr Olivenöl, Zitronensaft und Salz.*

Hummus mit Knoblauchtoasts

ZUBEREITUNG: 15 Minuten
GARZEIT: 3 Minuten
ERGIBT 4 Portionen

- 400 g Kichererbsen in Wasser aus der Dose, abgetropft, etwas Flüssigkeit aufgefangen
- Saft von 1 großen Zitrone
- 6 EL Tahini
- 2 EL Olivenöl
- 2 Knoblauchzehen, zerdrückt
- 1 Prise Meersalz
- 1 Prise Pfeffer
- 1 EL fein gehackter frischer Koriander
- 2 EL schwarze Oliven, entsteint, zum Garnieren

Ciabatta-Toasts

- 1 Brot nach Art einer Ciabatta, in Scheiben geschnitten
- 2 Knoblauchzehen, zerdrückt
- 1 EL frisch gehackten Koriander
- 4 EL Olivenöl

Mit Pitabroten (siehe Seite 172) ideal als schnelles Mittagessen, ansonsten ein klassischer Bestandteil eines orientalischen Buffets.

1. Für den Hummus die Kichererbsen und den Zitronensaft in der Küchenmaschine pürieren. Nach und nach nur so viel von der aufgefangenen Flüssigkeit aus der Dose zufügen, bis die gewünschte Konsistenz erreicht ist.

2. Tahini und das Öl bis auf 1 Teelöffel unterrühren. Knoblauch zufügen, mit Salz und Pfeffer würzen und erneut alles pürieren.

3. Den Hummus in eine Servierschüssel füllen. Das restliche Öl darüberträufeln und mit Koriander und Oliven garnieren. Abdecken und in den Kühlschrank stellen, bis die Toasts fertig sind.

4. Den Backofengrill vorheizen. Die Brotscheiben nebeneinander auf den Grillrost legen. Knoblauch, Koriander und Öl mischen und das Brot damit bestreichen. 2–3 Minuten grillen, bis es goldbraun ist. Heiß mit dem Hummus servieren.

Hummus aus dicken Bohnen & Minze

ZUBEREITUNG: 20 Minuten
GARZEIT: 10 Minuten
ERGIBT 4 Portionen

350 g gepalte dicke Bohnen
2 EL natives Olivenöl extra
1 TL Kreuzkümmelsamen, zerstoßen
3 Frühlingszwiebeln, in dünne Ringe geschnitten
2 Knoblauchzehen, fein gehackt
25 g frische Minzeblätter, zerpflückt
5 EL fein gehackte glatte Petersilie
Saft von 1 Zitrone
4 EL Naturjoghurt (10 % Fett)
1 Prise Meersalz
1 Prise Pfeffer

Zum Servieren

1 rote und 1 gelbe Paprika, in Streifen geschnitten
4 Selleriestangen, längs halbiert und in 8 cm lange Stücke geschnitten
½ Salatgurke, halbiert, Samen entfernt und in Sticks geschnitten
frisches Pitabrot (nach Belieben)

Diese sommerliche Hummus-Variante aus frisch gepalten dicken Bohnen mit frischen Kräutern und Zitronensaft schmeckt köstlich zu warmem Pitabrot (siehe Seite 11 oder 172).

1. Die Basis eines Dampfgarers zur Hälfte mit Wasser füllen und dieses zum Kochen bringen. Bohnen in den Dämpfeinsatz füllen, Deckel auflegen und 10 Minuten dämpfen, bis die Bohnen gar sind.

2. Inzwischen das Öl in einer Pfanne auf mittlerer Stufe erhitzen. Kreuzkümmel, Frühlingszwiebeln und Knoblauch darin 2 Minuten braten, bis die Zwiebeln glasig sind.

3. Bohnen, Zwiebelmischung, Minze, Petersilie, Zitronensaft, Joghurt, Salz und Pfeffer in eine Küchenmaschine geben und zu einem groben Püree verarbeiten, dann in eine Servierschüssel füllen.

4. Die Gemüsesticks auf einer Platte anrichten und nach Belieben mit frischem Pitabrot servieren.

Tipp: *Für 350 g Bohnenkerne brauchen Sie etwa 750 g Bohnen in der Schote.*

Diese pikante jemenitische Chilisauce passt gut zu gekochten Eiern, als Dip zu Hähnchen-Böreks mit Pilzen & Zitrone (siehe Seite 184) oder Rindfleisch-Sambousek (siehe Seite 186) oder auch als aromatisches Gegengewicht zu einem kräftigen Lammbraten. Mit der Küchenmaschine dauert die Zubereitung nur wenige Minuten.

S-chug

ZUBEREITUNG: 15 Minuten
ERGIBT 6 Portionen

40 g frischer Koriander, grob gehackt

2 EL grob gehackte glatte Petersilie

1 Salzzitrone, abgespült und grob gehackt

1 Knoblauchzehe

Samen von 6 grünen Kardamomkapseln

2 grüne Chilis, für eine weniger scharfe Sauce Samen entfernt, grob gehackt

½ TL Zucker

½ gemahlener Kreuzkümmel

5 EL natives Olivenöl extra

1 TL Meersalzflocken

1. Alle Zutaten in der Küchenmaschine oder im Mixer grob pürieren. Nach Belieben nachsalzen.

2. Das S-chug hält sich bis zu 3 Tage abgedeckt im Kühlschrank.

Tipp: *Falls Sie keine Küchenmaschine haben, Koriander, Petersilie und Salzzitrone sehr fein hacken und in eine Schüssel geben. Knoblauch, Kardamomsamen und grüne Chilis zusammen im Mörser zerstoßen und zu den Kräutern geben. Zucker, Kreuzkümmel, Olivenöl, Salz und 2 Esslöffel Wasser unterrühren und alles gut mischen.*

Labné

ZUBEREITUNG: 5 Minuten
ABTROPFEN: 4 Stunden
ERGIBT 500 g

500 g Naturjoghurt (10 % Fett)
½ TL Meersalzflocken

Labné ist leicht herzustellen und schmeckt mit gutem Olivenöl beträufelt und mit Meersalz und Kräutern bestreut köstlich als Teil einer Mezze-Tafel. Ebenso gut kann man ihn statt Dickrahm zu Desserts wie den Gerösteten Feigen mit Honig & Thymian (siehe Seite 197) servieren. Für dieses Rezept brauchen Sie ein Stück Käseleinen; das ist ein grob gewebter Leinenstoff, den man nach Gebrauch in der Küche heiß waschen kann.

1. Ein Sieb mit Käseleinen auslegen und über eine Schüssel hängen. Den Joghurt mit dem Salz verrühren und in das Sieb geben. Die Ecken des Stoffs aufnehmen und leicht miteinander verdrehen, bis der Joghurt zu einer Kugel zusammengedrückt wird. Nur so weit zudrehen, dass der Joghurt nicht herausquillt. die verdrehten Stoffzipfel mit einem Gummiband sichern.

2. Den Joghurt 4 Stunden abtropfen lassen; er sollte die Konsistenz von sehr festem Frischkäse haben. Wenn Sie ihn nicht sofort weiterverarbeiten, in eine Schüssel füllen, abdecken und bis zu 2 Tage im Kühlschrank aufbewahren.

Tipp: *Wenn das Labné eine festere Konsistenz haben soll, lassen Sie es über Nacht im Kühlschrank abtropfen. Schneller geht es, wenn Sie das Leinen mit einem Bindfaden aufhängen, z. B. an den Griff einer Küchenschranktür, und eine Schüssel zum Auffangen der Flüssigkeit darunterstellen.*

Tahinisauce

ZUBEREITUNG: 10 Minuten
ERGIBT 6 Portionen

1 TL Kreuzkümmelsamen

3 Knoblauchzehen

75 g Tahini

Saft von 1 Zitrone

2 TL Meersalzflocken, zzgl. 1 Prise

1 Prise Pfeffer

Wer schon einmal versucht hat, den letzten Löffel aus dem Glas zu kratzen, weiß, dass Tahini (Sesampaste) recht zäh ist. Für dieses beliebte orientalische Würzmittel wird sie mit Zitronensaft, Knoblauch und Wasser zu einer leichten Sauce verrührt, die sich wunderbar in gefüllte Pitabrote oder über Röstgemüse träufeln lässt. Probieren Sie sie zu den Würzigen Wraps mit gegrilltem Huhn (siehe Seite 58) oder als Dip für Kibbeh (siehe Seite 18).

1. Eine kleine Pfanne schwach erhitzen. Die Kreuzkümmelsamen darin 2–3 Minuten rösten, bis sie duften. In einem Mörser zu Pulver mahlen.

2. Kreuzkümmel, Knoblauch, Tahini, 5 Esslöffel Eiswasser, Zitronensaft und Salz in einem Mixer pürieren. Es sollte etwa die Konsistenz von flüssiger Sahne haben. Mit Salz und Pfeffer würzen und nach Belieben mit mehr Zitronensaft abschmecken.

3. Die Tahinisauce hält sich abgedeckt 2–3 Tage im Kühlschrank.

Tipp: *Die Knoblauchmenge in diesem Rezept verleiht der Sauce ordentlich Pep. Wenn Ihnen ein dezenterer Knoblauchgeschmack lieber ist, beginnen Sie mit einer Zehe, probieren Sie nach dem Pürieren und fügen Sie nach Geschmack weitere Zehen hinzu.*

Es lohnt sich, einen Vorrat an selbst gemachten Salzzitronen im Kühlschrank zu haben – sie sind wirklich schnell zubereitet und eignen sich zum Aufpeppen aller möglichen Gerichte, von gebackenem Fisch bis zu Getreidesalaten.

Salzzitronen

ZUBEREITUNG:	20 Minuten
EINLEGEN:	3 Wochen
ERGIBT	8 Stück

8 Bio-Zitronen, gewaschen und abgetrocknet

8 EL Meersalzflocken

1 EL Koriandersamen

1 Lorbeerblatt

1. Den Ofen auf 140 °C vorheizen. Ein Schraub- oder Einmachglas mit einem Fassungsvermögen von einem Liter in heißer Lauge auswaschen und gut ausspülen. Das Glas auf ein Backblech stellen und im Ofen vollständig trocknen lassen. Falls Sie ein Einmachglas verwenden, das Gummi abnehmen und auskochen.

2. Jede Zitrone unter leichtem Druck mit der Handfläche auf der Arbeitsfläche hin- und herrollen, um den Saft freizusetzen.

3. Mit einem sehr scharfen Messer am Stielende jeder Zitrone eine kleine Scheibe abschneiden und die Zitronen auf die Schnittfläche stellen. Jede Zitrone tief und x-förmig, bis 1 cm über der Schnittfläche einschneiden und jeweils mit 1 Esslöffel Salz füllen.

4. Die Zitronen dicht an dicht in das Glas geben, gleichzeitig Koriandersamen und Lorbeerblatt mit hineingeben, und alles gut nach unten drücken. Sind die Zitronen klein, bereiten Sie nach obiger Methode noch einige mehr zu und geben sie ins Glas, damit sie eng zusammengedrückt werden. Das Glas verschließen.

5. Bei Raumtemperatur beiseitestellen. Nach 3 Tagen sollte das Glas voller Flüssigkeit sein – wenn nicht, mit frisch gepresstem Zitronensaft aufgießen. Insgesamt 3 Wochen bei Raumtemperatur ziehen lassen. Die eingelegten Zitronen halten sich im Kühlschrank bis zu 6 Monate.

Tipp: *Vor der Verwendung die Salzzitronen gründlich unter kaltem Wasser abspülen. Sie können die Schale dünn abschneiden und Gerichte damit würzen oder das Fruchtfleisch durch ein Sieb drücken und den Saft als Würze verwenden.*

Essiggemüse wird im ganzen Nahen Osten als Beilage serviert. Eingelegte weiße Rüben sind ein traditionelles Essiggemüse. Mit Roter Bete als Farbgeber lassen sich aber auch andere helle Gemüsesorten wie Weiß- oder Blumenkohl einlegen.

Eingelegte Rübchen

ZUBEREITUNG:	25 Minuten
GARZEIT:	5 Minuten
EINLEGEN:	2 Wochen
ERGIBT	ca. 600 g

500 g zarte Rübchen (Teltower oder Mairübchen), Enden abgeschnitten

1 kleine gegarte Rote Bete, in dünne Scheiben geschnitten

1 frisches Lorbeerblatt

Essigsud

150 ml Weißwein- oder Apfelessig

2 EL Meersalzflocken

4 Knoblauchzehen, in dünne Scheiben geschnitten

1 TL Koriandersamen, zerstoßen

½ TL rote Chiliflocken (nach Belieben)

1. Den Ofen auf 140 °C vorheizen. Ein Schraub- oder Einmachglas mit einem Fassungsvermögen von 700 ml in heißer Lauge auswaschen und gut ausspülen. Das Glas auf ein Backblech stellen und im Ofen vollständig trocknen lassen. Falls Sie ein Einmachglas verwenden, das Gummi abnehmen und auskochen.

2. Für den Essigsud 300 ml Wasser und den Essig in einem säurefesten Topf zum Kochen bringen, dann das Salz zufügen und rühren, bis es sich gelöst hat. Vom Herd nehmen, Knoblauch, Koriander und Chiliflocken einrühren und abkühlen lassen.

3. Inzwischen Salzwasser in einem Topf zum Kochen bringen. Die Rüben darin 5 Minuten köcheln, dann abtropfen und abkühlen lassen. Die Rüben schälen und in 5 mm dicke Scheiben schneiden. Rote Bete- und Rübenscheiben in das vorbereitete Glas schichten.

4. Den abgekühlten Sud durch ein Sieb ins Glas gießen, bis das Gemüse vollständig bedeckt ist, am besten bis zum Glasrand. Das Lorbeerblatt dazustecken und das Glas luftdicht verschließen.

5. 2 Tage an einen kühlen, dunklen Ort stellen, dabei das Glas einmal täglich drehen. Vor dem ersten Öffnen 12 Tage im Kühlschrank aufbewahren.

Tipp: *Eingelegte grüne Chilis sind ebenfalls beliebt in der orientalischen Küche. Ersetzen Sie dazu die Rüben in diesem Rezept durch 250 g grüne Chilis und halbieren Sie die Menge aller anderen Zutaten.*

Brote & herzhaftes Gebäck

Weiches Pitabrot wird überall im Nahen Osten und im östlichen Mittelmeerraum mehrmals am Tag frisch gebacken und zu allen Mahlzeiten gereicht. Es besteht aus einfachem, leicht gesalzenem Hefeteig und wird traditionell direkt auf dem Boden eines Steinofens gebacken.

Pitabrot

ZUBEREITUNG:	30 Minuten
RUHEZEIT:	2 Stunden 10 Minuten
GARZEIT:	10 Minuten
ERGIBT	6–8 Stück

1½ TL Trockenhefe

450 g Mehl, zzgl. 5 TL zum Bestäuben

1 EL Pflanzenöl, zzgl. 1 TL zum Einfetten

1½ TL Feinzucker

1 TL Meersalzflocken

1. Hefe und 300 ml warmes Wasser in einer großen Schüssel verrühren, bis die Hefe sich aufgelöst hat. Mehl, Öl, Zucker und Salz zufügen, und alles gut verrühren.

2. Eine Arbeitsfläche mit 1 Teelöffel Mehl bestäuben und den Teig darauf 5–10 Minuten mit den Händen kneten, bis er fest ist. Eine Schüssel mit ½ Teelöffel Öl einfetten und den Teig hineinlegen. Mit einem feuchten Geschirrtuch abdecken und an einem warmen Ort 2 Stunden gehen lassen, bis der Teig sein Volumen verdoppelt hat.

3. Den Ofen auf 240 °C vorheizen. Die Arbeitsfläche mit 1 weiteren Teelöffel Mehl bestäuben, den Teig darauflegen und erneut kneten. Zu einer 2 cm dicken Rolle formen und diese in sechs bis acht Portionen teilen. Jede Portion zu einer Kugel rollen, mit einem feuchten Geschirrtuch abdecken und noch 10 Minuten gehen lassen.

4. Zwei Backbleche mit Backpapier auslegen, dieses mit dem restlichen Öl einpinseln und mit je 1 Teelöffel Mehl bestäuben. Die Arbeitsfläche mit dem letzten Teelöffel Mehl bestäuben und die Teigkugeln zu Fladen mit 15–20 cm Ø ausrollen.

5. Die Fladen mit ausreichend Abstand auf den Backblechen verteilen. 10 Minuten backen, bis sie aufgegangen sind. Aus dem Ofen nehmen und mit einem feuchten Geschirrtuch abdecken, damit das Brot weich bleibt.

Tipp: *Zum Durchkneten den Teig zur Hälfte zum Körper hin umschlagen, mit den Handballen hinunterdrücken, anheben, etwas drehen und wieder umschlagen. Möglichst ohne Mehl oder Öl arbeiten, da dies die Konsistenz verändert.*

Dieses einfache, krosse Fladenbrot wird nicht gebacken, sondern gebraten und eignet sich wunderbar als Beilage für Tajines und Salate.

Fladenbrot

ZUBEREITUNG:	30 Minuten
RUHEZEIT:	1 Stunde 20 Minuten
GARZEIT:	40 Minuten
ERGIBT	8 Stück

750 g Mehl, zzgl. 4 TL zum Bestäuben

1½ TL feines Meersalz

1 TL gemahlener Kreuzkümmel

½ TL gemahlener Koriander

1 TL Feinzucker

1½ TL Trockenhefe

2 EL Olivenöl, zzgl. 3 TL zum Einfetten

1. Mehl, Salz, Kreuzkümmel und Koriander in eine große Schüssel sieben und mit Zucker und Hefe mischen. Eine Mulde in die Mitte drücken, Öl und 400 ml lauwarmes Wasser hineingießen und von der Mitte aus unterrühren. Alles zu einem Teig verkneten.

2. Eine Arbeitsfläche mit 1 Teelöffel Mehl bestäuben und den Teig darauf 5–10 Minuten kneten, bis er glatt und elastisch ist. Eine Schüssel mit ½ Teelöffel Öl einfetten und den Teig hineinlegen. Mit einem feuchten Geschirrtuch abdecken und an einem warmen Ort 1 Stunde gehen lassen.

3. Die Arbeitsfläche mit 1 Teelöffel Mehl bestäuben, den Teig darauflegen und 1–2 Minuten durchkneten. Ein Backblech mit Backpapier auslegen, dieses mit dem restlichen Öl einpinseln und mit 1 Teelöffel Mehl bestäuben.

4. Den Teig in acht Portionen teilen und zu Kugeln rollen. Die Arbeitsfläche mit dem letzten Teelöffel Mehl bestäuben und die Teigkugeln zu Kreisen mit 20 cm Ø ausrollen. Mit einem feuchten Geschirrtuch abdecken und 20 Minuten gehen lassen.

5. Eine schwere Pfanne mit 1 Teelöffel Öl einfetten und auf mittlerer bis starker Stufe erhitzen. Einen Teigkreis hineinlegen, Deckel auflegen und 2–3 Minuten braten, bis er auf der Unterseite leicht gebräunt ist. Mit einem Pfannenwender wenden, Deckel wieder aufsetzen und 2 Minuten von der anderen Seite braten, bis auch diese gebräunt ist. Warm stellen und die restlichen Fladenbrote ebenso zubereiten, dabei nach Bedarf mehr Öl in die Pfanne geben.

Diese köstlichen, mit geröstetem Knoblauch aromatisierten Fladenbrote sind ein wunderbarer Beitrag für eine Mezze-Tafel. Der Sumach passt mit seinem säuerlichen Aroma hervorragend zum Zitronenthymian und zum salzigen Feta, aber Sie können auch mit einer eigenen Kombination aus Gewürz, Käse und Kräutern experimentieren.

Fladenbrote mit Thymian, Feta & Sumach

ZUBEREITUNG:	45 Minuten
RUHEZEIT:	1 Stunde
GARZEIT:	20 Minuten
ERGIBT	4 Stück

6 Knoblauchzehen, ungeschält

5 EL Öl, zzgl. 1/2 TL zum Einfetten

1 TL Meersalzflocken

1 TL flüssiger Honig

400 g Weizenmehl Type 550, zzgl. 3 TL zum Bestäuben

1 TL Trockenhefe

2 1/2 TL Sumach

2 TL frische Zitronenthymianblättchen, zzgl. 8 Stängel

75 g Feta, zerkrümelt

2 EL natives Olivenöl extra

1. Den Ofen auf 180 °C vorheizen. Den Knoblauch in 1 Esslöffel Öl wenden, in eine kleine, ofenfeste Form legen und 10 Minuten rösten. Etwas abkühlen lassen, dann die Zehen aus ihrer Haut in einen Mörser drücken und mit dem Salz zu einer Paste verarbeiten. In einer Schüssel mit 220 ml lauwarmem Wasser, Honig und dem restlichen Öl verrühren.

2. Mehl, Hefe und 1 Teelöffel Sumach in eine große Schüssel sieben und die Zitronenthymianblättchen untermischen. Eine Mulde in die Mitte drücken, die Knoblauch-Wasser-Mischung hineingießen und alles grob verkneten.

3. Eine Arbeitsfläche mit 1 Teelöffel Mehl bestäuben und den Teig darauf 5–10 Minuten durchkneten. Eine Schüssel mit 1/2 Teelöffel Öl einfetten und den Teig hineinlegen. Mit einem feuchten Geschirrtuch abdecken und an einem warmen Ort 45 Minuten gehen lassen.

4. Den Teig in vier Portionen teilen und diese zu Kugeln rollen. Die Arbeitsfläche mit 1 Teelöffel Mehl bestäuben und jede Teigkugel zu einem Fladen von 10–13 cm Ø ausrollen.

5. Ein Backblech mit dem letzten Teelöffel Mehl bestäuben. Die Fladen mit reichlich Abstand darauf verteilen. Auf jeden Fladen ein Viertel des Fetas, eine Prise Sumach und zwei Stängel Zitronenthymian verteilen. 15 Minuten ruhen lassen.

6. Den Ofen auf 220 °C vorheizen. Die Brote mit dem Olivenöl beträufeln. 8–10 Minuten goldbraun und kross backen und am besten warm servieren.

Pide mit Fleischfüllung

ZUBEREITUNG: 25 Minuten
RUHEZEIT: 45 Minuten
GARZEIT: 1¼ Stunden
ERGIBT 8 Stück

100 g Feta, zerkrümelt

Teig

300 g Weizenmehl Type 550, zzgl. 2 TL zum Bestäuben

1 TL Trockenhefe

1 TL Feinzucker

2 EL natives Olivenöl extra, zzgl. 1 TL zum Einfetten

1 TL feines Meersalz, zzgl. 1 Prise

Würzige Sumach-Fleisch-Füllung

1 EL Olivenöl

½ Zwiebel, fein gehackt

2 Knoblauchzehen, fein gehackt

2 TL Sumach

1 TL Meersalzflocken

250 g Rinder- oder Lammhackfleisch

400 g gehackte Tomaten aus der Dose

4 EL grob gehackter frischer Koriander

Tipp: *Stellen Sie eine ofenfeste Schüssel mit Wasser unten in den Ofen; der aufsteigende Dampf sorgt für eine schöne Kruste.*

Pide sind in der türkischen Küche bootförmige Brote, die ganz unterschiedlich gefüllt werden können, hier mit Fleisch. Versuchen Sie auch einmal geröstete rote Paprika und Ziegenkäse oder gedünsteten Spinat mit Knoblauch und einem Spiegelei.

1. Für den Teig Mehl, Hefe und Zucker in einer großen Schüssel mischen. Eine Mulde in die Mitte drücken und 200 ml lauwarmes Wasser, Olivenöl sowie 1 Teelöffel Salz unterrühren, dann alles von der Mitte her zu einem klebrigen Teig kneten. Eine Arbeitsfläche mit 1 Teelöffel Mehl bestäuben und den Teig darauf 5–10 Minuten kneten, bis er glatt und elastisch ist. Eine Schüssel mit ½ Teelöffel Öl einfetten und den Teig hineinlegen. Mit einem feuchten Geschirrtuch abdecken und an einem warmen Ort 45 Minuten gehen lassen.

2. Für die Füllung das Öl in einer Pfanne auf schwacher bis mittlerer Stufe erhitzen. Zwiebel und Knoblauch hineingeben und 10 Minuten braten. Auf schwache Hitze reduzieren, den Sumach und die Hälfte des Salzes zufügen und 1 Minute mitbraten. Wieder auf mittlere Hitze erhöhen, das Hackfleisch zufügen und 10 Minuten anbräunen, dabei mit einem Holzlöffel zerkleinern. Die Tomaten zufügen, dann 5 Esslöffel Wasser in der Dose schwenken und in den Topf gießen. Alles zum Kochen bringen und 25 Minuten offen köcheln. Den Koriander einrühren und mit dem restlichen Salz würzen.

3. Den Ofen auf höchste Stufe stellen und einen Brotbackstein oder ein Backblech stark erhitzen. Den Teig in acht Portionen teilen und zu Kugeln rollen. Die Arbeitsfläche mit 1 Teelöffel Mehl bestäuben und jede Kugel zu einem länglichen, flachen, wenige Millimeter dicken Oval ausrollen. Die Füllung auf die Ovale verteilen, jeweils in die Mitte, dann die langen Enden nach oben biegen, sodass die Füllung in einer Art Boot eingeschlossen ist. Zum Fixieren die Enden verdrehen und den Feta über die Pide streuen. Die Pide direkt auf den heißen Brotbackstein legen und 8–10 Minuten backen, bis die Ränder goldbraun sind.

Diese griechisch-türkisch inspirierten Taschen schmecken heiß am besten. Im türkischen Lebenmittelgeschäft bekommen Sie den Yufkateig als Fertigprodukt in der Kühltheke, in manchen Geschäftten sogar frisch. Alternativ verwenden sie Filoteig oder Strudelteig, ebenfalls aus dem Kühlregal. Achtung, es gibt auch runde Yufkablätter, die wären für dieses Rezept unpraktisch.

Börektaschen mit Feta & Spinat

ZUBEREITUNG: 25 Minuten
GARZEIT: 20 Minuten
ERGIBT 6 Stück

2 EL Olivenöl, zzgl. ½ TL zum Einfetten

8 Frühlingszwiebeln, grob gehackt

500 g frischer Spinat, grob gehackt

1 Ei, leicht verquirlt

125 g Feta, zerkrümelt

½ TL frisch geriebene Muskatnuss

1 Prise Meersalzflocken

1 Prise Pfeffer

55 g Butter

6 rechteckige Yufkablätter, je ca. 26 × 29 cm

1 EL Sesamsaat

1. Den Ofen auf 200 °C vorheizen. Ein Backblech mit ½ Teelöffel Öl bestreichen.

2. Das Öl in einer großen Pfanne auf mittlerer Stufe erhitzen. Die Frühlingszwiebeln darin 1–2 Minuten unter Rühren braten. Den vom Waschen noch nassen Spinat zufügen und 3–4 Minuten unter Rühren dünsten. Die Garflüssigkeit abgießen und den Spinat etwas abkühlen lassen.

3. Ei, Feta, Muskatnuss, Salz und Pfeffer unter die Spinatmischung rühren. Die Butter in einem kleinen Topf zerlassen.

4. Drei Yufkablätter mit der zerlassenen Butter einpinseln. Auf jedes Blatt ein weiteres legen und ebenfalls mit zerlassener Butter bepinseln. Jedes Blätterpaar einmal längs durchschneiden, sodass sechs lange Streifen entstehen. Je einen Esslöffel Spinatfüllung ans Ende eines Streifens geben.

5. Eine nahe Teigecke über die Füllung auf die andere Seite schlagen, es entsteht ein Dreick. Dann den Teig mit der Füllung an der kurzen, quer liegenden Kante umschlagen. Über die ganze Länge des Teigstreifens so hin- und herfalten, sodass eine dreieckige Tasche entsteht, zum Schluss die letzte freie Kante zur Unterseite falten.

6. Die Taschen auf das Backblech legen, mit der restlichen zerlassenen Butter bestreichen und mit Sesamsaat bestreuen. 12–15 Minuten goldbraun und kross backen. Heiß servieren.

Tipp: *Wenn Sie mit Yufkablättern arbeiten, legen Sie ein feuchtes, sauberes Geschirrtuch auf ungenutzten Teig bis zum Gebrauch, da er sehr schnell austrocknet und dann bricht.*

Datteln waren schon in vorbiblischer Zeit ein wichtiges Grundnahrungsmittel bei den nomadischen Beduinen. Die nachfolgenden Zivilisationen ersetzten den Dattelkern als eine Art kulinarischer Scherz durch eine Mandel. Diese kleinen Appetithappen sind durch den Feta und das Einwickeln der Datteln in mehrere Lagen gebutterten Yufkateig noch raffinierter.

Teigröllchen mit Datteln & Feta

ZUBEREITUNG: 20 Minuten
GARZEIT: 20 Minuten
ERGIBT 16 Stück

30 g Butter

32 ganze blanchierte Mandeln

8 Medjoul-Datteln, halbiert und entkernt

160 g Feta, zerkrümelt

4 rechteckige Yufkablätter, je ca. 26 × 29 cm

1. Den Ofen auf 180 °C vorheizen. Ein großes Backblech mit Backpapier auslegen. Die Butter in einem kleinen Topf zerlassen.

2. Je zwei Mandeln in die Innenseite jeder Dattelhälfte drücken. Die Datteln wie kleine Schalen auf die Arbeitsfläche legen. Etwas Feta auf jede Dattelhälfte geben und andrücken, bis die gesamte Fetamenge aufgebraucht ist.

3. Ein Yufkablatt auf eine Arbeitsfläche legen und in Streifen schneiden, die etwas breiter sind als die Dattelhälften. Eine Dattelhälfte an jedes Ende eines Streifens legen und in den Streifen rollen. Mit einem Backpinsel das Ende des Teigstreifens mit zerlassener Butter bestreichen, damit der Rand festklebt. Wiederholen, bis alle Teigstreifen und Datteln verarbeitet sind.

4. Die Röllchen auf das Backblech legen und großzügig mit zerlassener Butter einpinseln. 20 Minuten kross und goldbraun backen. Vor dem Servieren etwas abkühlen lassen, da die Füllung sehr heiß wird.

Tipp: *Die Medjoul-Dattel ist als Königin der Datteln bekannt. Sie ist groß und besonders weich und stammt meist aus dem Nahen Osten oder Nordafrika.*

Hähnchen-Böreks mit Pilzen & Zitrone

ZUBEREITUNG: 45 Minuten
KÜHLEN: 45 Minuten
GARZEIT: 25 Minuten
ERGIBT 32 Stück

Teig

600 g Mehl

2 TL Meersalzflocken, zerstoßen

150 ml Olivenöl

1 Ei, leicht verquirlt, zum Glasieren

Füllung

2 EL Olivenöl

300 g braune Champignons, fein gehackt

2 Knoblauchzehen, fein gehackt

360 g Hähnchenbrustfilets, in 1 cm dicke Würfel geschnitten

1 Salzzitrone, abgespült und fein gehackt

4 EL fein gehackte glatte Petersilie

Saft von 1 Zitrone

2 EL Naturjoghurt (10 % Fett)

1 Prise Meersalzflocken

1 Prise Pfeffer

Tipp: *Zum Einfrieren die gefüllten, aber noch ungebackenen Böreks zwischen zwei Lagen Backpapier in eine Gefrierbox legen, etikettieren und einfrieren. Vor dem Backen im Kühlschrank langsam auftauen lassen.*

Diese orientalischen Pasteten kombinieren eine knusprige Teighülle mit einer zitronigen Huhn-Pilz-Füllung. Börekteig ist ölig und einfach zu verarbeiten; sobald Sie den Dreh mit dem Rollen und Zusammendrücken erst einmal heraushaben, stehen Ihnen bei der Füllung endlose Möglichkeiten zur Auswahl.

1. Für den Teig das Mehl in eine große Schüssel sieben und das Salz untermischen. Eine Mulde in die Mitte drücken, das Öl und 215 ml Wasser hineingießen und mit einem Holzlöffel untermischen. Den Teig auf einer Arbeitsfläche 20–30 Sekunden kneten, dann zu einer Scheibe formen (wegen des hohen Ölgehalts brauchen Sie die Arbeitsfläche nicht mit Mehl zu bestäuben). In Klarsichtfolie einwickeln und 45 Minuten in den Kühlschrank legen.

2. Für die Füllung das Öl in einer Pfanne auf mittlerer Stufe erhitzen. Pilze und Knoblauch darin 5 Minuten braten, bis beides weich ist. Fleisch und Salzzitrone zufügen und unter Rühren 2–3 Minuten braten. Den Deckel auflegen und 5 Minuten weiterbraten, bis das Huhn gar ist.

3. Die Pfanne vom Herd nehmen. Etwas abkühlen lassen, dann Petersilie, Zitronensaft, Joghurt, Salz und Pfeffer unterrühren. Größere Fleischstücke mit einem Holzlöffel zerdrücken.

4. Den Ofen auf 200 °C vorheizen. Drei große Backbleche mit Backpapier auslegen. Den Teig halbieren, die Hälften erneut halbieren und immer so fortfahren, bis Sie 32 Portionen haben. Diese zu Kugeln rollen und mit Klarsichtfolie abdecken.

5. Auf einer sauberen, trockenen Arbeitsfläche eine Kugel zu einem Kreis von 7–8 cm Ø ausrollen. 2 gehäufte Teelöffel Füllung in eine Hälfte des Kreises geben, dann den Teig darüberschlagen, sodass ein Halbmond entsteht. Die Tasche in einer Hand halten und die Ränder mit Daumen und Zeigefinger der anderen Hand im Uhrzeigersinn mit einer drehenden Bewegung so zusammendrücken, dass ein Kordelmuster entsteht (alternativ können Sie die Ränder auch mit einer Gabel zusammendrücken). Auf ein Backblech legen. Mit den restlichen Teigkugeln ebenso verfahren, dabei die noch nicht ausgerollten Kugeln unter der Klarsichtfolie lassen.

6. Die Taschen leicht mit Ei einpinseln. 20–25 Minuten backen, bis sie goldbraun und durchgebacken sind. Am besten schmecken sie heiß, können aber auch abgekühlt serviert werden.

Rindfleisch-Sambousek

ZUBEREITUNG: 35 Minuten
KÜHLEN: 45 Minuten
GARZEIT: 1 Stunde
ERGIBT 32 Stück

45 g Pinienkerne
2 EL Olivenöl
1 TL Kreuzkümmelsamen
1 große Zwiebel, fein gehackt
2 Knoblauchzehen, zerdrückt
1 TL gemahlener Ingwer
1 TL gemahlener Zimt
1 TL gemahlener Koriander
500 g Rinderhackfleisch
4 EL fein gehackter frischer Koriander
100 g Naturjoghurt (10 % Fett)
1 Prise Meersalz
1 Prise Pfeffer
1 Portion gekühlter Börekteig (siehe Seite 184)
1 Ei, leicht verquirlt, zum Glasieren

Tipp: *Zum Einfrieren die gefüllten, aber noch ungebackenen Sambousek zwischen zwei Lagen Backpapier in eine Gefrierbox legen, etikettieren und einfrieren. Vor dem Backen im Kühlschrank langsam auftauen lassen.*

Diese pikanten Rindfleischpasteten aus dem Libanon eignen sich ideal für zwischendurch oder als Partysnack. Für eine vegetarische Version verwenden Sie fein gehackte braune Champignons anstelle des Hackfleischs. Für dieses Rezept brauchen Sie drei bis vier Backbleche.

1. Die Pinienkerne in einer Pfanne auf mittlerer Hitze 2–3 Minuten trocken rösten. Auf einen Teller schütten und abkühlen lassen.

2. Das Öl in der Pfanne sanft erhitzen. Die Kreuzkümmelsamen darin 1–2 Minuten braten, bis sie duften. Die Zwiebel zufügen, auf mittlere Hitze erhöhen und unter gelegentlichem Rühren 10 Minuten goldbraun braten.

3. Auf schwache Hitze reduzieren, Knoblauch, Ingwer, Zimt und Koriander zufügen und 2 Minuten mitbraten. Das Hackfleisch zufügen und 5 Minuten braten, dabei größere Stücke mit einem Holzlöffel zerkleinern. Auf mittlere bis starke Hitze erhöhen und unter gelegentlichem Rühren weitere 10 Minuten braten, bis das Fleisch schön braun ist.

4. Die Pfanne vom Herd nehmen und geröstete Pinienkerne sowie Koriander unterrühren. Etwas abkühlen lassen, dann den Joghurt, Salz und Pfeffer unterrühren.

5. Den Ofen auf 200 °C vorheizen. Drei große Backbleche mit Backpapier auslegen. Den Börekteig halbieren, die Hälften erneut halbieren und immer so fortfahren, bis Sie 32 Teigstücke haben. Diese zu Kugeln rollen und mit Klarsichtfolie abdecken.

6. Auf einer sauberen, trockenen Arbeitsfläche eine Kugel zu einem Kreis von 7–8 cm Ø ausrollen. 2 gehäufte Teelöffel Füllung auf eine Hälfte des Kreises geben, dann vorsichtig den Rand an drei Stellen hochbiegen, zur Mitte führen und zu einem dreizackigen Stern zusammendrücken. Auf ein Backblech legen. Mit den restlichen Teigkugeln ebenso verfahren, dabei die nicht ausgerollten Kugeln unter der Klarsichtfolie lassen.

7. Die Taschen leicht mit Ei einpinseln. 20–25 Minuten backen, bis sie goldbraun und durcherhitzt sind. Am besten schmecken sie heiß, können aber auch abgekühlt serviert werden.

Hähnchen-Bastilla

ZUBEREITUNG: 40 Minuten
GARZEIT: 1 Stunde 10 Minuten
ERGIBT 4 Portionen

40 g Butter

4 rechteckige Yufkablätter

Huhnfüllung

1 EL Olivenöl

½ Zwiebel, fein gehackt

einige Safranfäden

300 g Hähnchenoberschenkel ohne Knochen, klein geschnitten

Saft von ½ Zitrone

1 Prise Meersalz

1 Prise Pfeffer

Eifüllung

3 Eier, leicht verquirlt

1 Prise Meersalz

1 Prise Pfeffer

1 EL Olivenöl

65 g blanchierte Mandeln, geröstet (siehe Tipp auf Seite 110)

1 EL Puderzucker

½ TL Zimt

½ TL Orangenblütenwasser

Tipp: *Wenn Sie viele Gäste haben, verdoppeln Sie die Zutatenmenge und legen Sie je zwei Yufkablätter zwischen die einzelnen Schichten. Außerdem brauchen Sie eine Form von 23 cm Ø und müssen die Backzeit eventuell verlängern.*

In dieser marokkanischen Festtagspastete wird traditionell Taube verarbeitet, die wir hier durch Hähnchen ersetzt haben. Das Besondere an dem Rezept ist die Kombination aus süßen und herzhaften Zutaten. In Marokko wird dafür feiner *warqa*-Teig verwendet, der ähnelt sehr dem Yufka. Zur Not geht sogar Blätterteig.

1. Für die Huhnfüllung das Öl in einem Topf sanft erhitzen. Die Zwiebel darin 10 Minuten weich werden lassen, ohne sie zu bräunen.

2. Den Safran in einem Mörser mahlen, dann 300 ml kochendes Wasser zugießen, schwenken und in eine kleine Schüssel umfüllen. Ziehen lassen. Hähnchen und Safranwasser zur Zwiebel geben und alles aufkochen. Auf schwache Hitze reduzieren und mit Deckel 30 Minuten köcheln, bis das Fleisch gar ist.

3. Das Fleisch mit einem Schaumlöffel aus der Kochflüssigkeit in eine Schüssel heben. Die Hitze erhöhen und die Flüssigkeit auf 4–5 Esslöffel einkochen. 2 Esslöffel davon unter das Fleisch rühren. Den Zitronensaft und je eine Prise Salz und Pfeffer untermischen. Abdecken und abkühlen lassen.

4. Für die Eifüllung den restlichen Kochsud mit dem Schneebesen unter die Eier schlagen und mit je einer Prise Salz und Pfeffer würzen. Das Öl in einem Topf sanft erhitzen. Die Eier hineingießen und unter Rühren 5–6 Minuten braten, bis sie leicht stocken. Auf einem Teller abkühlen lassen.

5. Mandeln, Puderzucker, Zimt und Orangenblütenwasser in einem Mörser grob zerstampfen.

6. Den Ofen auf 200 °C vorheizen. Für die Pasteten die Butter in einem kleinen Topf zerlassen. Eine kleine, runde Kuchenform (18 cm Ø) mit zerlassener Butter einfetten. Ein Teigblatt auf den Boden der Form legen, mit Butter bepinseln und das Ganze mit zwei weiteren Teigblätter in versetzten Schichten wiederholen. Die Ränder über den Rand der Form hängen lassen.

7. Die Hälfte der Eifüllung auf dem Teig verteilen, die Hälfte der Hähnchenfüllung daraufgeben, wiederholen. Das letzte Teigblatt auflegen und mit Butter bestreichen. Die Mandelmischung darauf verteilen. Die Ränder des obersten Teigblatts über die Mandeln schlagen, mit Butter bestreichen, dann die Ränder der unteren Teigblätter nacheinander in einem konzentrischen Muster über die Pastete schlagen, jede Schicht mit Butter einpinseln. Zum Schluss die ganze Pastete noch einmal buttern und 20 Minuten backen.

Desserts, Süßes & Getränke

Dieser üppige, aromatisierte Reispudding ist für jedes orientalische Menü ein wunderbarer Abschluss. Der Sirup bringt eine Spur raffinierter Süße ins Spiel, die den cremigen Reis schön unterstreicht.

Persischer Reispudding mit Rosenwasser-Kardamom-Sirup

ZUBEREITUNG: 10 Minuten
GARZEIT: 1 Stunde
ERGIBT 4 Portionen

11 grüne Kardamomkapseln
100 g Basmatireis, gut abgespült
750 ml Vollmilch
¼ TL Rosenwasser
60 g Rohrohrzucker
1 TL getrocknete oder frische essbare Rosenblütenblätter

1. Fünf Kardamomkapseln öffnen und die Samen in einem Mörser zerstoßen. In einen Topf geben.

2. Den Reis, 300 ml Milch, das Rosenwasser und 2 Teelöffel Zucker zufügen und verrühren. Alles zum Kochen bringen, dann auf schwache Hitze reduzieren. 1 Stunde köcheln, dabei gelegentlich umrühren und alle 10 Minuten oder sobald der Reis die Milch vollständig aufgesogen hat, eine Kelle Milch nachgießen.

3. Wenn der Reispudding fast fertig ist, den restlichen Zucker mit 50 ml Wasser in einem zweiten Topf auf schwacher bis mittlerer Hitze kochen und rühren, bis der Zucker sich aufgelöst hat. Die restlichen Kardamomkapseln und die Rosenblütenblätter zufügen und 2–3 Minuten einkochen.

4. Den Reispudding heiß mit Sirup beträufelt servieren.

Tipp: *Sie können dieses Dessert bis zu einem Tag im Voraus zubereiten, aber stellen Sie es unbedingt innerhalb von einer Stunde nach dem Kochen in den Kühlschrank. Da der Pudding mit der Zeit recht fest wird, gießen Sie beim Aufwärmen mehr Milch zu, bis er wieder die gewünschte Konsistenz hat.*
Wer die ganzen Kardamomkapseln später nicht im Milchreis haben möchte, siebt den Sirup vorher.

Pochierte
Aprikosen
mit
Ingwerjoghurt
siehe Seite 196

Dieses Dessert ist im Handumdrehen zubereitet und die Aprikosen zaubern optisch die Sonne auf den Tisch. Begeistern Sie Ihre Gäste mit diesem exotischem Duft und dem leicht würzigen Aroma.

Pochierte Aprikosen mit Ingwerjoghurt

ZUBEREITUNG: 20 Minuten
GARZEIT: 20 Minuten
ERGIBT 4 kleine Portionen

150 g Feinzucker

6 grüne Kardamomkapseln, leicht zerdrückt

1 Zimtstange

¼ TL Rosenwasser

4 Aprikosen, halbiert und entsteint

1 EL getrocknete essbare Rosenblütenblätter zum Dekorieren

Ingwerjoghurt

100 g Naturjoghurt (10 % Fett)

2,5-cm-Stück Ingwer, geschält und fein gerieben

1. In einem Topf Zucker, Kardamom, Zimtstange, Rosenwasser mit 350 ml Wasser verrühren und bei geringer Hitze kochen, bis der Zucker sich aufgelöst hat.

2. Auf mittlere bis starke Hitze erhöhen und die Aprikosen mit einem Schaumlöffel vorsichtig in den Sirup gleiten lassen. Hitze reduzieren und 5 Minuten köcheln. Den Herd ganz abschalten und die Aprikosen noch 10 Minuten im Sirup ziehen lassen.

3. Die Aprikosen mit dem Schaumlöffel aus dem Sirup heben und in eine Servierschüssel geben. Etwas abkühlen lassen, dann die Schalen abziehen und wegwerfen.

4. Für den Ingwerjoghurt den Joghurt in einer Schüssel mit dem Ingwer verrühren, abdecken und beiseitestellen.

5. Den Sirup wieder auf den Herd stellen und auf die Hälfte einkochen. Über die Aprikosen gießen und mit getrockneten Rosenblütenblättern bestreut servieren. Den Ingwerjoghurt dazu reichen. Wenn das Dessert nicht sofort verzehrt werden soll, abkühlen lassen, abgedeckt in den Kühlschrank stellen und später kalt servieren.

› **Bild siehe vorangehende Doppelseite**

Tipp: *Rosenwasser gibt es in verschiedenen Stärken. In diesem Rezept wurde ein sehr kräftiges Rosenwasser verwendet; in der angegebenen geringen Menge sorgt es für ein zartes Rosenaroma. Passen Sie die Menge entsprechend der verwendeten Marke und nach Ihrem Geschmack an.*

Frische Feigen sind schon enorm lecker und schön anzusehen, aber das Rösten unterstreicht ihr Aroma ganz besonders. Dieses Gericht eignet sich ideal als raffiniertes Dessert für eine Dinnerparty – und niemand wird ahnen, wie einfach es zuzubereiten ist! Wenn es ganz schnell gehen soll, können Sie statt Labné auch Naturjoghurt mit 10 % Fett verwenden.

Geröstete Feigen mit Honig & Thymian

ZUBEREITUNG:	10 Minuten
GARZEIT:	20 Minuten
ERGIBT	4 Portionen

8 Feigen

10 frische Thymianzweige, in Stücke gebrochen

125 ml flüssiger Honig

100 g Labné zum Servieren (siehe Seite 164, nach Belieben)

1. Den Ofen auf 180 °C vorheizen. Mit einem sehr scharfen Messer jede Feige von oben tief und x-förmig einschneiden und mit zwei Thymianzweigen füllen.

2. Ein kleines Backblech so mit zerknülltem Backpapier auslegen, dass es an den Seiten hochsteht. Die Feigen auf das Papier legen, jede Feige mit einem Esslöffel Honig beträufeln und den restlichen Thymian darüberstreuen.

3. Die Feigen 20 Minuten rösten. Pro Person zwei Feigen heiß mit dem Sirup aus dem Backpapier und einem großzügigen Klecks Labné servieren (falls verwendet).

› **Bild siehe nächste Doppelseite**

Tipp: *Sie können dieses Dessert im Voraus zubereiten und vor dem Servieren 10 Minuten bei 150 °C aufwärmen.*

siehe Seite 197

Seit Jahrhunderten werden im Nahen Osten die energiereichen Datteln als Verpflegung für Reisen durch die Wüste eingepackt. Mit Pistazien und Honig werden sie hier zum köstlichen Dessert.

Dattel-Pistazien-Honig-Schnitten

ZUBEREITUNG: 30 Minuten
GARZEIT: 25 Minuten
ERGIBT 12 Stücke

250 g Datteln, entsteint und gehackt
2 EL Zitronensaft
85 g Pistazienkerne, grob gehackt
2 EL flüssiger Honig

Teig

225 g Mehl, zzgl. 1 TL zum Bestäuben
25 g Feinzucker
150 g kalte Butter, grob gehackt
2 EL Milch zum Glasieren

1. Datteln und Zitronensaft mit 2 Esslöffeln Wasser in einem Topf unter Rühren zum Kochen bringen. Vom Herd nehmen und die Pistazien sowie 1 Esslöffel Honig einrühren. Deckel auflegen und abkühlen lassen. Den Ofen auf 200 °C vorheizen.

2. Für den Teig Mehl, Zucker und Butter in der Küchenmaschine zu feinen Krümeln verarbeiten. Maximal 4–5 Esslöffel kaltes Wasser zufügen, bis ein weicher, nicht klebriger Teig entsteht.

3. Eine Arbeitsfläche mit Mehl bestäuben. Den Teig halbieren und jede Hälfte zu einem 30 × 20 cm großen Rechteck ausrollen. Ein Blatt Backpapier auf die Arbeitsfläche legen, eine Teigplatte darauflegen und die Dattelmasse darauf verteilen, dabei an den Rändern 1 cm freilassen. Die andere Teigplatte darauflegen.

4. Die Ränder fest zusammendrücken, die Kanten begradigen und auf der Oberseite zwölf kleine Einschnitte verteilen. Zum Glasieren mit der Milch bestreichen, dann 20–25 Minuten goldbraun backen. Mit dem restlichen Honig einpinseln und auf einem Kuchenrost abkühlen lassen. In (3 × 4 =) 12 Teile schneiden und servieren.

Tipp: *Bei der Teigherstellung sollte alles kalt sein, auch Ihre Hände und die Arbeitsfläche.*

Lokum, wohl die orientalischste aller Süßigkeiten, duftet betörend, ist sehr süß und macht leider süchtig. Lokum ist auch als Turkish Delight bekannt.

Schnelles Rosen-Lokum

ZUBEREITUNG:	20 Minuten
GARZEIT:	25 Minuten
RUHEN:	über Nacht
ERGIBT	6 Portionen

4 Blätter Gelatine
250 g Zucker
¼ TL Rosenwasser
einige Tropfen rosa Lebensmittelfarbe
1 EL Speisestärke
30 g Puderzucker

1. Die Gelatine in einer Schüssel mit kaltem Wasser bedecken und 10 Minuten einweichen.

2. Die Gelatine gut ausdrücken, dann mit 200 ml Wasser in einen sehr hohen Topf geben, sanft erhitzen und rühren, bis sie sich aufgelöst hat. Zucker, Rosenwasser und Lebensmittelfarbe zufügen, Hitze erhöhen und kurz aufkochen, dann die Hitze wieder reduzieren und 20 Minuten ohne Rühren köcheln. Vorsicht: Kochender Zucker ist sehr heiß! Falls gewünscht, mehr Lebensmittelfarbe zufügen.

3. Eine flache, quadratische Form (18 cm Seitenlänge) mit Klarsichtfolie auslegen und die Masse hineingießen. Auf Raumtemperatur abkühlen lassen, dann abdecken und über Nacht im Kühlschrank fest werden lassen.

4. Am nächsten Tag Stärke und Puderzucker auf einem großen, flachen Teller mischen. Die Lokumplatte darauf stürzen und vorsichtig die Klarsichtfolie abziehen. In Würfel schneiden und dabei jeden in der Puderzuckermischung wälzen. In einem luftdicht verschlossenen Behälter aufbewahren und innerhalb einer Woche verzehren.

Tipp: *Bei der Herstellung von traditionellem Lokum wird der Zucker eine Stunde und länger gerührt – diese abgespeckte Version spart also viel Zeit!*

Diese kleinen Wölkchen aus Schlagsahne sind wunderbar einfach herzustellen und sehen in Ihren schönsten Dessertgläsern sehr vornehm aus. Ihre Gäste werden hingerissen sein von dem orientalischen Duft nach Zimt und Orangenblütenwasser.

Sahneschaum mit Zimt & Orangenblütenwasser

ZUBEREITUNG:	10 Minuten
KÜHLEN:	1 Stunde
ERGIBT	8 Portionen

Saft von 2 Zitronen

½ TL Zimt, zzgl. 1 Prise zum Dekorieren

1 TL Orangenblütenwasser

100 g Feinzucker

600 g Schlagsahne (mind. 38 % Fett), steif geschlagen

1 EL gehackte Pistazienkerne zum Dekorieren

2 EL Granatapfelsamen zum Dekorieren

1. Zitronensaft, Zimt, Orangenblütenwasser und Zucker in einer großen Schüssel mit dem Schneebesen verrühren, bis der Zucker sich aufgelöst hat. Die Sahne mit dem Schneebesen unterrühren.

2. Die Schaumspeise in acht kleine Dessertgläser füllen. Mit dem restlichen Zimt, Pistazien und Granatapfelsamen bestreuen. Abgedeckt 1 Stunde in den Kühlschrank stellen. Kalt servieren.

Tipp: *Das Dessert sollte schön luftig sein. Darum die Sahne nicht so lange schlagen, dass sie buttrig wird.*

Die einfachsten Gerichte sind manchmal die besten. Dieser Snack ist in Minutenschnelle zubereitet und holt Sie zuverlässig aus dem Leistungstief am Nachmittag.

Fladenbrote mit Banane, Tahini & Dattelsirup

ZUBEREITUNG:	10 Minuten
GARZEIT:	5 Minuten
ERGIBT	4 Portionen

4 Vollkorn-Tortillas, 20 cm Ø

4 EL Tahini

3 EL Dattelsirup

4 Bananen, geschält

1. Eine Pfanne auf mittlerer bis starker Hitze vorheizen. Eine Tortilla darin 1 Minute erhitzen, dabei nach der Hälfte der Zeit wenden.

2. Die Tortilla auf ein Schneidebrett legen, dünn mit 1 Esslöffel Tahini bestreichen und mit einem Viertel des Dattelsirups beträufeln. Eine ganze Banane in die Tortilla einrollen. Mit den restlichen Zutaten ebenso verfahren.

3. Jede Tortilla in dicke Scheiben schneiden, jede Scheibe mit einem Cocktailspieß feststecken und auf einem Teller anrichten. Möglichst warm servieren.

Tipp: *Bewahren Sie Tahini im Glas auf dem Deckel stehend auf – so fällt das Umrühren wesentlich leichter.*

Diese nussigen Riegel machen aus traditionellen orientalischen Zutaten einen modernen, energiereichen Snack, der die Kaumuskulatur fordert.

Dattel-Kokos-Ecken

ZUBEREITUNG:	30 Minuten
KÜHLEN:	3 Stunden
ERGIBT	12 Stücke

400 g Medjoul-Datteln, entsteint und halbiert
60 g Mandeln, unblanchiert
60 g Cashewkerne
35 g Chiasamen
3 TL Vanilleextrakt
2 EL Maca (nach Belieben)
20 g Kokosraspel
55 g Haselnüsse, unblanchiert, grob gehackt
25 g Pekannüsse, grob gehackt

1. Datteln, Mandeln und Cashews in eine Küchenmaschine geben und fein zerkleinern.

2. Chiasamen, Vanilleextrakt und Maca, falls verwendet, zufügen und weiterhacken, bis die Masse sich zu einer Kugel verbindet.

3. Ein Blatt Backpapier auslegen und mit der Hälfte der Kokosraspel bestreuen. Die Dattelmasse darauflegen und mit den Händen grob zu einem Rechteck flach drücken. Mit einem zweiten Blatt Backpapier abdecken und zu einem 30 × 20 cm großen Rechteck ausrollen, Das obere Backpapier abnehmen, restliche Kokosraspeln, Hasel- und Pekannüsse darüberstreuen, das Papier wieder auflegen und mit einer Teigrolle die Nüsse ein wenig in die Dattelmasse drücken.

4. Das obere Papier abziehen, lose wieder auflegen und die Dattelmasse mit dem unteren Papier auf ein Tablett heben. 3 Stunden oder über Nacht im Kühlschrank fest werden lassen.

5. Das obere Papier abnehmen, die Dattelmasse in zwölf ungleichmäßige Ecken schneiden und vom unteren Papier abziehen. Die Dattelsnacks in einen Plastikbehälter legen, dabei die Schichten mit Backpapier trennen. Hält sich bis zu 3 Tage im Kühlschrank.

Tipp: *Maca ist eine Knolle aus der Familie der Rettiche. Sie gehört traditionell nicht zur orientalischen Küche und ist in diesem Rezept keine entscheidende Zutat, aber sie gilt als Superfood und macht den Snack noch gesünder.*

Persischer Liebeskuchen

ZUBEREITUNG: 45 Minuten
GARZEIT: 20 Minuten
KÜHLEN: 1 Stunde
ERGIBT 10 Stücke

225 g Rohrzucker

225 g weiche Butter, zzgl. etwas zum Einfetten

4 Eier

165 g Mehl

1½ TL Backpulver

65 g gemahlene Mandeln

½ TL gemahlener Zimt

Samen aus 6 grünen Kardamomkapseln

Rosen-Mascarpone-Creme

750 g Mascarpone

150 g Puderzucker, gesiebt

¼ TL Rosenwasser

einige Tropfen rosa Lebensmittelfarbe (nach Belieben)

40 g Pistazienkerne, grob gehackt

1 EL getrocknete oder frische essbare Rosenblütenblätter zum Dekorieren (nach Belieben)

Der Liebeskuchen wurde der Legende nach von einer verliebten Frau für einen persischen Prinzen gebacken, der sich prompt in sie verliebte, als er ihn kostete. Es gibt zahlreiche Varianten des persischen Liebeskuchens, von schweren, kräftig gewürzten Mandelkuchen über lockere Biskuits bis zu Joghurtkäsekuchen mit Nussboden. Dieser zart gewürzte Schichtkuchen mit Rosen-Mascarpone-Creme hat bei allen Typen Anleihen genommen.

1. Den Ofen auf 180 °C vorheizen. Drei Springformen (20 cm Ø) mit Butter einfetten und mit Backpapier auslegen.

2. Mit dem Handmixer Rohrzucker und Butter in einer großen Schüssel gründlich verrühren. Die Eier einzeln unterschlagen, dabei nach jedem Ei gründlich verrühren. Wenn die Mischung aussieht, als könnte sie gerinnen, mit jedem Ei etwas Mehl dazustreuen.

3. In einer zweiten Schüssel Mehl, Backpulver, Mandeln und Zimt mischen. Die Kardamomkapseln in einem Mörser zerstoßen und unter die Mehlmischung rühren.

4. Die Mehlmischung unter die Ei-Zucker-Mischung heben, bis eine homogene Masse entstanden ist. Den Teig gleichmäßig auf die drei Formen verteilen, glatt streichen und 20 Minuten backen. In den Formen 10 Minuten abkühlen lassen, dann auf Kuchenroste heben und vollständig abkühlen lassen.

5. Nach dem Abkühlen die Creme zubereiten. Den Mascarpone mit dem Handmixer in einer großen Schüssel kurz glatt rühren. Mit dem Schneebesen Puderzucker, Rosenwasser und, falls gewünscht, so viel Lebensmittelfarbe unterrühren, dass die Creme zart hellrosa gefärbt ist. Die Creme in einen Spritzbeutel mit Lochtülle füllen.

6. Ein Drittel der Creme in Form von Tupfern auf eine Kuchenplatte spritzen, dann mit Pistazien bestreuen. Die zweite Kuchenplatte darauflegen, die Hälfte der restlichen Creme in Tupfen draufspritzen und wieder mit Pistazien bestreuen. Die letzte Kuchenplatte auflegen, mit Tupfen in einem Muster nach Wahl verzieren und mit den restlichen Pistazien sowie den Rosenblütenblättern bestreuen.

Tipp: *Der Kuchen hält sich mehrere Stunden bei Raumtemperatur, Reste sollten jedoch im Kühlschrank aufbewahrt werden.*

Warmer Orangen-Nuss-Kuchen

ZUBEREITUNG: 45 Minuten
GARZEIT: 2¼ Stunden
ERGIBT 10 Stücke

3 große Bio-Orangen

125 g getrocknete Aprikosen

80 g Walnüsse, grob gehackt, zzgl. 12 Walnusshälften zum Dekorieren

70 g unblanchiert Mandeln, grob gehackt, zzgl. 6 Stück zum Dekorieren

70 g Paranüsse, grob gehackt, zzgl. 12 Stück zum Dekorieren

4 Eier

200 g Feinzucker

125 ml helles Olivenöl, zzgl. ½ TL zum Einfetten

85 g Naturreismehl

2 TL glutenfreies Backpulver

250 g Naturjoghurt (3,5 % Fett) zum Servieren

***Tipp:** Wenn Sie kein Naturreismehl im Handel finden, können Sie Naturreis einfach in der Getreidemühle fein mahlen.*

Ein orientalisch inspirierter und übrigens glutenfreier Kuchen voller energiespendender Nüsse. Die ganze gekochte Orange sorgt für ein frisches Zitrusaroma.

1. Eine Orange in einen kleinen Topf geben, knapp mit Wasser bedecken, zum Kochen bringen, Deckel auflegen und 45 Minuten köcheln. Die getrockneten Aprikosen zufügen, Deckel wieder aufsetzen und weitere 15 Minuten kochen, bis die Orange beim Einstechen mit einem Messer sehr weich nachgibt. Die Früchte abtropfen lassen, Kochflüssigkeit auffangen, und abkühlen lassen.

2. Den Ofen auf 160 °C vorheizen. Eine Springform (24 cm Ø) mit Öl einfetten. Gehackte Walnüsse, Mandeln und Paranüsse in der Küchenmaschine fein zerkleinern. In eine große Rührschüssel füllen.

3. Die gekochte Orange komplett grob hacken, nur evtl. Kerne entfernen. Die Orange mit den Aprikosen im Mixer grob pürieren. Eier, 150 g Zucker und Öl zufügen und zu einer glatten Masse verarbeiten.

4. Reismehl und Backpulver zu den gemahlenen Nüssen geben und alles gut mischen. Die Obst-Öl-Mischung aus dem Mixer dazugießen kurz zu einer glatten Masse verarbeiten. Den Teig in die vorbereitete Backform gießen, glatt streichen und mit den Walnusshälften, ganzen Mandeln und ganzen Paranüssen dekorieren.

5. 1–1¼ Stunden backen, bis der Kuchen braun und auf der Oberseite leicht rissig ist und ein hineingesteckter Holzspieß sauber bleibt. Nach 40 Minuten prüfen, ob die Nüsse zu rasch braun werden; in diesem Fall locker mit Alufolie abdecken.

6. Inzwischen von den übrigen beiden Orangen mit einem kleinen Sägemesser Schale und weiße Haut entfernen. Die Filets zwischen den Trennhäuten herausschneiden. Vom aufgefangenen Orangenkochwasser 125 ml abmessen, ggf. mit Wasser auffüllen, und in einen kleinen Topf gießen. Den restlichen Zucker zufügen und sanft erhitzen, bis sich der Zucker aufgelöst hat. Die Hitze erhöhen und 3 Minuten zu Sirup einkochen. Die Orangenfilets hineingeben und zusammen abkühlen lassen.

7. Den Kuchenrand mit einem Buttermesser von der Form lösen und den Kuchen auf ein Kuchengitter stürzen. Etwas abkühlen lassen, dann in Stücke schneiden und warm servieren. Die Orangen in Sirup und den Joghurt dazu reichen.

Baklava ist eine sehr üppiges, sehr süßes Gebäck aus Strudelteig mit Nussfüllung, entweder mit Zuckersirup oder mit Honig gesüßt, und nimmt einen wichtigen Platz unter den orientalischen Süßspeisen ein. Ein Festtag ohne Baklava ist undenkbar.

Baklava

ZUBEREITUNG: 45 Minuten
GARZEIT: 40 Minuten
ERGIBT 30 Happen

400 g fein gehackte gemischte Nüsse, z. B. Walnüsse, Mandeln, Pistazien

175 g Butter, zzgl. ½ TL zum Einfetten

14 rechteckige Yufkablätter

2 EL Zucker

1 TL Zimt

Sirup

325 g Feinzucker

1 EL Zitronensaft

3 EL flüssiger Honig

2 kleine Zimtstangen

1. Den Ofen auf 180 °C vorheizen. Ein Backblech mit Backpapier auslegen. Die Nüsse auf dem Blech verteilen und 5–10 Minuten rösten. Den Ofen nicht ausschalten.

2. Inzwischen die Butter in einem kleinen Topf zerlassen. Eine rechteckige Backform (25 × 35 cm) mit zerlassener Butter einfetten und ein Yufkablatt hineinlegen. (Aktuell nicht benötigte Blätter mit einem feuchten Geschirrtuch abdecken, damit sie nicht austrocknen.) Das Teigblatt mit zerlassener Butter bestreichen. Ein weiteres Teigblatt darauflegen, wieder mit Butter bestreichen und immer so fortfahren, bis fünf Schichten in der Form liegen.

3. Die Nüsse mit Zucker und Zimt mischen. Ein Drittel der Mischung in der Form verteilen, dann mit zwei gebutterten Teigblättern belegen. Die Hälfte der verbliebenen Nussmasse auf dem Teig verteilen und mit zwei weiteren gebutterten Teigblättern belegen. Die restliche Nussmasse auf dem Teig verstreichen, fünf gebutterte Teigblätter darauflegen und evtl. überhängende Ränder nach innen schlagen. Mit einem scharfen Messer das Baklava durch alle Schichten in Rauten schneiden, dann 25–30 Minuten goldbraun backen.

4. Derweil den Sirup zubereiten. Dazu Zucker mit 300 ml Wasser in einem Topf verrühren und sanft erhitzen, bis der Zucker sich aufgelöst hat. Auf mittlere Hitze erhöhen, aufkochen, dann Zitronensaft, Honig und Zimtstangen zufügen. Auf schwache Hitze reduzieren und 10 Minuten köcheln. Vom Herd nehmen und abkühlen lassen.

5. Den Sirup über das Baklava gießen und stehen lassen, bis der Teig den Sirup fast vollständig aufgenommen hat. Das volle Aroma entwickelt sich über 1–2 Tage.

Şerbet oder *sharbat* – je nachdem – ist ein beliebtes Erfrischungsgetränk in der Region. Es besteht aus einem süßen Getränkesirup aus frischen Blütenblättern oder Früchten und wird hier nach Geschmack mit stillem oder sprudelndem Wasser aufgegossen und als Longdrink serviert. Es kann auch über zerstoßenes Eis gegossen und mit dem Löffel gegessen werden.

Granatapfel-Rosen-Şerbet

ZUBEREITUNG: 10 Minuten
GARZEIT: 5–10 Minuten
ERGIBT 8–10 Gläser

Saft von 2 Zitronen

¼ TL Rosenwasser

200 ml frischer Granatapfelsaft (Saft von ca. 2 Granatäpfeln)

200 g Feinzucker

zerstoßenes Eis zum Servieren

8 frische Minzezweige zum Servieren (nach Belieben)

sprudelndes oder stilles Mineralwasser zum Servieren

1. Zitronensaft, Rosenwasser, Granatapfelsaft und Zucker in einem Topf verrühren und sanft erhitzen, bis der Zucker sich gelöst hat.

2. Auf mittlere bis starke Hitze erhöhen, aufkochen, dann bei geringer Hitze 3–4 Minuten köcheln. Vorsicht: Kochender Zucker ist sehr heiß! Vollständig abkühlen lassen.

3. Etwas zerstoßenes Eis in ein hohes Glas geben. Einen Schuss Sirup über das Eis gießen und einen Minzezweig ins Glas geben, falls verwendet. Nach Geschmack mit stillem oder sprudelndem Mineralwasser aufgießen, umrühren und servieren.

4. Der Sirup hält sich in einem luftdicht verschlossenen Behälter mehrere Tage im Kühlschrank.

Tipp: *So entsaften Sie einen Granatapfel: Die Samen in einem Mixer pürieren, dann die Masse über einer Schüssel mit einem Löffel durch ein Sieb passieren.*
Soll das Sorbet blumiger schmecken, geben Sie tropfenweise mehr Rosenwasser dazu und probieren Sie immer wieder; Rosenwasser kann auch aufdringlich schmecken, wenn es zu großzügig eingesetzt wird.

Minztee

ZUBEREITUNG: 10 Minuten
ERGIBT 4 Gläser

2 TL Grüntee

1 kleines Bund frische Minze

4 TL Feinzucker

Dieser erfrischende Tee ist Marokkos Nationalgetränk und wird überall angeboten. Auch am Ende einer Mahlzeit serviert man dort Minzetee. Zubereitet wird er durch das Aufbrühen von Grüntee mit frischen Minzezweigen.

1. In eine Teekanne etwas heißes Wasser gießen, schwenken und wegschütten. Die Teeblätter in die vorgewärmte Kanne geben, die Minze bis auf vier Zweige und den Zucker zufügen.

2. Mit vier Tassen kochendem Wasser aufgießen und einmal umrühren, dann 5 Minuten ziehen lassen. In vier Teegläser oder Tassen gießen und mit den vier verbliebenen Minzezweigen servieren.

Tipp: *In manchen anderen Ländern des Nahen Ostens trinkt man eher kräftigen Schwarztee (Assam). Suchen Sie im Handel oder auf dem Markt nach Nanaminze. Sie ist viel milder und süßlicher als Pfefferminze.*

Apfel-Tahini-Saft

ZUBEREITUNG: 10 Minuten
ERGIBT 1 Glas

2 Äpfel, halbiert

1 kleine Banane, geschält und grob zerkleinert

2 EL Naturjoghurt

1 EL helles Tahini

½ Sesamsaat zum Dekorieren

Tahini verleiht diesem Getränk das typisch orientalische Aroma. Es eignet sich besonders gut als Zwischenmahlzeit oder als flüssiges Frühstück.

1. Die Äpfel entsaften. Den Saft in einen Mixer füllen, Banane, Joghurt und Tahini zufügen und zu einer glatten Mischung verarbeiten. In ein Glas gießen, mit Sesamsaat bestreuen und servieren.

Tipp: *Wenn Sie nicht selbst entsaften, brauchen Sie 125 ml hochwertigen Apfelsaft.*

Als spritziges, erfrischendes Getränk an einem heißen Sommertag eignet sich nichts so gut wie ein Krug frischer, selbst gemachter Limonade. In diesem Rezept sorgt das Rosenwasser für eine herrlich blumige Note.

Rosenlimonade

ZUBEREITUNG:	15 Minuten
GARZEIT:	15 Minuten
KÜHLEN:	1 Stunde
ERGIBT	1–1,5 Liter

fein abgeriebene Schale von 2 Bio-Zitronen

½ TL Rosenwasser

250 g Feinzucker

350 ml Zitronensaft (Saft von ca. 10 Zitronen)

1 kleine Prise Meersalz

4 EL frischer Granatapfelsaft

zerstoßenes Eis nach Geschmack

1. Zitronenschale, Rosenwasser und Zucker mit 250 ml Wasser in einen Topf geben. Auf schwacher bis mittlerer Hitze unter ständigem Rühren erhitzen, bis der Zucker sich aufgelöst hat. Abkühlen lassen.

2. 300 ml Zitronensaft in einen Krug gießen, drei Viertel des Zuckersirups, 400 ml Eiswasser und das Salz zufügen und gut umrühren. Probieren und nach Geschmack mehr Eiswasser zum Verdünnen, mehr Zuckersirup zum Süßen oder mehr Zitronensaft für mehr Säure zugeben.

3. Zum Einfärben der Limonade den Granatapfelsaft einrühren. Abdecken und mindestens 1 Stunde kühl stellen.

4. Zum Servieren das zerstoßene Eis auf vier Gläser verteilen und die Limonade darübergießen.

Tipp: *Das Aroma der Limonade wird beim Kühlen noch etwas kräftiger; wenn Sie sie direkt aus dem Kühlschrank servieren, sollten Sie daher eventuell etwas mehr Eiswasser zugießen. Falls Sie die Limonade bei der Herstellung versehentlich zu stark verdünnen und bis zum Servieren noch einige Stunden Zeit haben, stellen Sie sie einfach in den Kühlschrank, bis die Aromen wieder die Oberhand gewonnen haben.*

Register